Christian Ludwig / Michaela Sambanis

English and beyond

Impulse zur Förderung von Mehrsprachigkeit im Englischunterricht

Ideen für die Praxis
und Kopiervorlagen

Zum Abruf der Zusatzmaterialien zum Buch klicken Sie in unserem Onlineshop ***www.brigg-verlag.de*** auf „**Kundenservice – Download**“ und geben beim Login den Benutzernamen «**448English**» sowie das Passwort «**Brigg**» ein.

Gedruckt auf umweltbewusst gefertigtem, chlorfrei gebleichtem und alterungsbeständigem Papier.

2. Auflage 2025

Druck: Rausch Druck GmbH, Aindlingerstr. 14, 86167 Augsburg

ISBN 978-3-95660-**448**-5

www.brigg-verlag.de

Inhaltsverzeichnis

Beschreibung der verwendeten Symbole

Sprechen
Schreiben
Lesen
Hören
Hör-Sehen
Sprachmittlung
Recherche
digitale Kompetenz

English and beyond:

Impulse zur Förderung von Mehrsprachigkeit im Englischunterricht

Michaela Sambanis & Christian Ludwig

Vorwort

Der Stärkung, Anerkennung und Förderung von Mehrsprachigkeit an Schulen wird zunehmend Aufmerksamkeit geschenkt. Mehrsprachigkeit soll entfaltet und unterstützt werden. Dabei kommt dem Englischunterricht eine zentrale Rolle zu. Hier sollen Schülerinnen und Schüler eine neue Sprache lernen und dabei bereits erworbene Kompetenzen nutzen können. Sie sollen Möglichkeiten und Anregungen dafür bekommen, ‚ihre Sprachen' miteinander zu vernetzen, anstatt sie zu entkoppeln oder zu unterdrücken. Durch positive Erfahrungen im Sinne von ‚Englisch ist lernbar!' soll überdies Motivation und Freude am Lernen weiterer Sprachen gefördert werden.

Wie aber kann es gelingen, andere Sprachen sinnvoll in den Englischunterricht einzubinden? Wie lässt sich der Englischunterricht so öffnen, dass sprachliche Ressourcen genutzt und vernetzt werden, dies aber nicht zu Lasten der Zielvorgaben des Faches Englisch geht? Und wie wird sichergestellt, dass das Englische im Zentrum des Englischunterrichts bleibt?

Diese Fragen sind überaus gerechtfertigt und es ist gut, wenn sie gestellt werden. Mit fortschreitender Erfahrung und durch intensiven Austausch, aber auch durch Forschung im Praxisfeld wird sich unser Verständnis und das Handlungswissen erweitern. Erste Antworten, konzeptionelle Vorschläge und Unterrichtsimpulse für einen mehrsprachigkeitssensiblen Englischunterricht können aber bereits zur Verfügung gestellt werden, sodass Praktikerinnen und Praktiker Anregungen und Unterstützung finden. Dies ist das Ziel von *English and beyond*, wobei der vorliegende Band die Sekundarstufe 1 fokussiert.

Das Buch ist das Ergebnis eines Projekts der Didaktik des Englischen an der Freien Universität Berlin. Angestoßen durch Fragen unserer Studierenden, von Lehrkräften sowie durch Gespräche mit Vertreterinnen und Vertretern der Bildungspolitik hat sich das Team der Dozierenden gemeinsam der Aufgabe gestellt, Expertise und Praxiserfahrungen zu bündeln, um diese in Form einer kompakten Einleitung in die Thematik, gefolgt von direkt umsetzbaren Unterrichtsentwürfen, zugänglich zu machen.

Unterstützt wurden die Dozierenden durch die studentischen Mitarbeiterinnen und Mitarbeiter der Abteilung, von denen einige selbst als Autorinnen und Autoren mitwirkten und die bei den Unterrichtsentwürfen namentlich erwähnt sind. An der Ausarbeitung von Unterrichtsvorschlägen haben sich außerdem Silke Franz, Ruth Sonnenberg und Hari Sriramalu beteiligt. Kathrin Menzel, die Stütze der Abteilung im Sekretariat der Didaktik des Englischen an der FU, half bei der Koordination des Projekts und beim Lektorat. Leonie Fuchs prüfte sämtliche Entwürfe durch die Brille der erfahrenen Lehrkraft. Thai Nguyen machte dem Team wichtige Publikationen für die Recherche zugänglich, Alexandra L. Brells Zeichnungen runden die Materialien visuell ab. Dominik Grubecki und Paul Scheffler sorgten schließlich für eine einheitliche Formatierung des gesamten Bandes. Das Foto auf dem Umschlag erstellte Paul Scheffler eigens für diesen Zweck.

Als Herausgebende möchten wir uns herzlich für die Unterstützung und die sehr produktive Zusammenarbeit bedanken. Wir hoffen nun, dass *English and beyond* Ihnen, liebe Leserinnen und Leser, Anstöße geben und dazu beitragen kann, der Mehrsprachigkeit auch oder gerade im Englischunterricht Raum zu geben.

Berlin, im Wintersemester 2021/2022

Michaela Sambanis & Christian Ludwig

English and beyond:

Impulse zur Förderung von Mehrsprachigkeit im Englischunterricht

Michaela Sambanis & Christian Ludwig

Einleitung

Sprachliche Vielfalt ist mehr denn je nicht nur Realität, sondern auch Normalität. Zwar ist Mehrsprachigkeit, wie ein Blick in die Geschichte zeigt, keineswegs ein Phänomen moderner Migrationsgesellschaften, dennoch kommt ihr in einer globalisierten Welt zunehmende Bedeutung zu. Dies zeigt sich auch in der wachsenden Sichtbarkeit mehrsprachiger Texte im (digitalen) öffentlichen Raum (siehe Abbildung 1), wo sprachliche Landschaften (*linguistic landscapes*) Rückschlüsse z. B. auf die ethnische Zusammensetzung erkennen lassen sowie auf die Sprachen, die in diesem Raum zur Kommunikation genutzt werden (können) und die teilweise zum „Identitätssymbol" erhoben werden (Androutsopoulos, 2008, S. 2). So haben alle „mehrsprachigen Zeichen im öffentlichen Raum eine Bedeutung (...), die größer ist, als ihr eigener Wortlaut" (Androutsopoulos, 2008, S. 2; Sambanis & Ludwig, 2021).

Abbildung 1

Beispiel einer linguistic landscape *aus Berlin (Christian Ludwig, Juni 2021)*

Des Weiteren ist in den letzten Jahren nicht nur eine verstärkte Akzeptanz für sprachliche und kulturelle Vielfalt zu beobachten, sondern auch ein stärkeres Bewusstsein für das Potenzial sprachlicher Diversität einerseits und die durch Sprachbarrieren entstehenden Hindernisse andererseits. Dennoch gibt es weiterhin Vorbehalte gegenüber sprachlicher Vielfalt vor allem in Bildungskontexten, wo Mehrsprachigkeit nicht unbedingt vorgesehen ist. So wird beispielsweise das Einbeziehen unterschiedlicher Sprachen in den Fremdsprachenunterricht immer noch leicht als Nachteil oder Hürde aufgefasst, wobei eine der unbegründeten Sorgen ist, dass die Arbeit mit anderen Sprachen zu Defiziten im Englischen führen kann.

Der Anteil mehrsprachig aufwachsender Kinder und Jugendlicher in Deutschland nimmt stetig zu. So gehen Schätzungen davon aus, dass mittlerweile ca. 100 verschiedene Sprachen in deutschen Schulen gesprochen werden (Bredthauer, 2018; Wiese, 2020). Jedoch wird die gelebte Mehrsprachigkeit vieler Lernender weiterhin eher als Hindernis und nicht als Chance bzw. Ressource begriffen, die es ihnen erlaubt, sich in der zunehmend „plurilingualen [und plurikulturellen] Realität unserer globalisierten Welt“ (Curcio & Katelhön, 2020, S. 152) zurechtzufinden. Zu einer stärkeren Akzeptanz mehrsprachiger Lebensrealitäten und aktiven Nutzung unterschiedlicher Sprachen kann auch der Fremdsprachenunterricht Englisch im Sinne einer integrierten Mehrsprachigkeitsdidaktik einen wichtigen Beitrag leisten.

In verschiedenen (curricularen) Vorgaben finden sich bereits Forderungen, die sprachlichen Ressourcen und Vorerfahrungen der Lernenden in den Fremdsprachenunterricht einzubinden sowie mehrsprachiges Wissen und Lernerfahrungen zu berücksichtigen. Der vorliegende Band möchte daran anknüpfend konkrete Umsetzungsvorschläge unterbreiten, um den Einstieg in einen mehrsprachigkeitssensiblen Englischunterricht zu erleichtern bzw. neue Impulse für Lehrende bereitzustellen, deren Englischunterricht sich bereits für Mehrsprachigkeit geöffnet hat. Zunächst möchten wir jedoch eine Grundlage schaffen – kompakt und konkret – beginnend mit der Frage: Was bedeutet eigentlich Mehrsprachigkeit?

Mehrsprachigkeit

Der Begriff der Mehrsprachigkeit beschreibt „unterschiedliche Konzepte von mehrsprachiger Sprachverwendung und Spracheaneignungsprozessen“ (Elsner & Lohe, 2021, S. 1) und meint damit sowohl die Mehrsprachigkeit der Gesamtgesellschaft oder einzelner gesellschaftlicher Gruppen, aber auch die Fähigkeit des Individuums, sich in zwei oder mehr Sprachen verständigen zu können (siehe Abbildung 2).

Abbildung 2

Ausgewählte Arten von Mehrsprachigkeit

Mehrsprachigkeit (Plurilingualismus)		
	Individuell	Die Fähigkeit einer Person, sich in unterschiedlichen Sprachen zu verständigen
	Gesellschaftlich	Die Verwendung mehrerer Sprachen innerhalb einer Gesellschaft
	Institutionell	Die Verwendung mehrerer Sprachen in öffentlichen Institutionen
	Territorial	Die Existenz mehrerer Sprachen innerhalb eines Gebietes

Hierbei geht es nicht darum, mehrere Sprachen in allen Fertigkeitsbereichen gleich gut zu beherrschen (vgl. Elsner & Lohe, 2021), denn ‚mehrsprachig sein‘ wird nicht durch die Menge bzw. den Grad der sprachlichen Mittel definiert, die in mehrsprachigen Alltagssituationen verwendet werden. Vielmehr wird Mehrsprachigkeit als die Fähigkeit verstanden, „in mehreren Sprachkontexten zu kommunizieren – und dies unabhängig davon, auf welche Weise die beteiligten Sprachen erworben oder wie gut sie beherrscht werden“ (Gogolin, 2015, Abs. 4). Dabei sind mit Sprachen nicht nur

Einzelsprachen wie Türkisch, Arabisch oder Russisch, sondern z. B. auch Dialekte oder Soziolekte gemeint.

Vor allem in Bildungskontexten wird dabei zwischen lebensweltlicher und fremdsprachlicher individueller Mehrsprachigkeit unterschieden. So gibt es Lernende (und Lehrkräfte), die aufgrund ihrer Biografie oder ihrer Umwelt lebensweltlich mehrsprachig aufwachsen (oder aufgewachsen sind), aber auch Lernende, die in ihrem Alltag zwar nur eine Sprache gebrauchen, aber verschiedene Fremdsprachen in der Schule lernen. Bei beiden Formen wird Mehrsprachigkeit nicht als eine parallele Existenz unterschiedlicher Sprachen verstanden, sondern als zusammenhängendes System (Cook, 2008), in dem alle Sprachkenntnisse miteinander verwoben sind. Eng damit verbunden ist der Ansatz des Translanguaging, also die Fähigkeit, in mehrsprachigen Sprachsituationen auf die unterschiedlichen, individuell verfügbaren Sprachen (*plurilingual repertoire*) zurückzugreifen und je nach Bedarf zwischen unterschiedlichen Sprachen hin und her zu wechseln (Canagarajah, 2011). So formulierte der Europarat bereits 2001:

> [Sprachen sind] nicht in strikt voneinander getrennten mentalen Bereichen gespeichert, sondern bilden vielmehr gemeinsam eine *kommunikative* Kompetenz, zu der alle Sprachkenntnisse und Spracherfahrungen beitragen und in der die Sprachen miteinander in Beziehung stehen und interagieren. (Trim et al., 2001, S. 17)

Mehrsprachigkeit in Bildungskontexten

Der Förderung von Mehrsprachigkeit wird inzwischen auch im Schulunterricht zunehmend Raum eingeräumt (Morkötter et al., 2020). Vor allem im Kontext des Fremdsprachenunterrichts wird dabei auf Potenziale mehrsprachiger Unterrichtssituationen hingewiesen, die es Lernenden erlauben, sich im Rahmen mehrsprachigkeitsdidaktischer Ansätze mit Themen wie Globalisierung, Migration und Transmigration auseinanderzusetzen (Mayr & Tschurtschenthaler, 2018). So betont das 2018 erschienene *Companion Volume* zum gemeinsamen europäischen Referenzrahmen die Rolle des Fremdsprachenlernenden als *social agent* und *language user* und benennt *plurilingual* und *pluricultural competence* mit den drei Unterkategorien *plurilingual comprehension, building on plurilingual repertoire* und *building on pluricultural repertoire* explizit als Lernziele (Europarat, 2018; Sambanis & Ludwig, 2021).

In Hinblick auf mehrsprachige Kompetenzen formulieren Schwienbacher et al. (2016; Mayr & Tschurtschenthaler, 2018), angelehnt an Byrams *Model of Intercultural Communicative Competence* (1997), vier *savoirs* (siehe Abbildung 3), die Lernende im Laufe der Schulzeit progressiv erreichen.

So geht es bei *savoir* unter anderem darum, Gemeinsamkeiten und Unterschiede von Sprachsystemen zu erkennen sowie Wissen über verschiedene Sprachgemeinschaften zu sammeln und anzuwenden. *Savoir-faire* beschreibt die Fähigkeit von Lernenden, in mehrsprachigen Situationen bewusst zu handeln, erfolgreich zu kommunizieren und als Mittler zwischen verschiedenen Sprachen / Kulturen zu fungieren. *Savoir-apprendre* umfasst alle Strategien, die es Lernenden erlauben, bereits bestehende Sprachkenntnisse aktiv für das Erlernen neuer Sprachen zu nutzen. Nicht zuletzt meint *savoir-être* die Fähigkeit, aus der eigenen Mehrsprachigkeit entstehende Handlungsspielräume wahrzunehmen und produktiv zu nutzen und anderen Sprachen sowie Kulturen gegenüber offen und neugierig zu sein (Mayr & Tschurtschenthaler, 2018).

Abbildung 3

Kompetenzmodell zur Mehrsprachigkeit (basierend auf Schwienbacher et al., 2016)

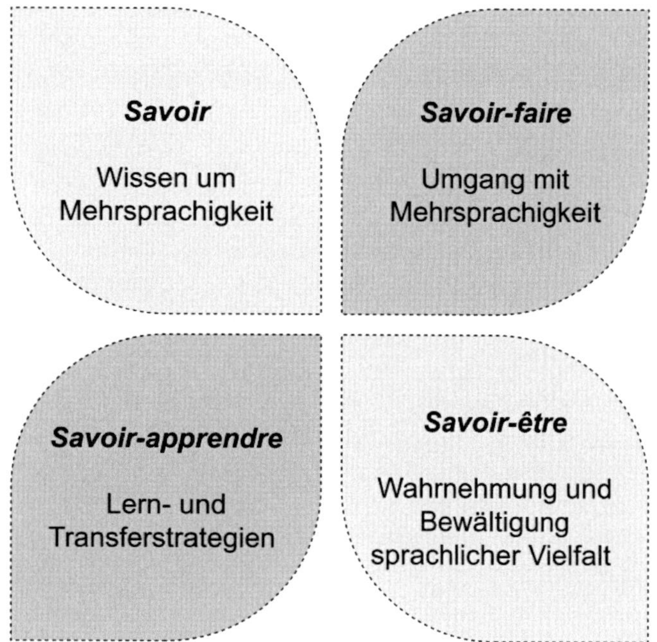

Inzwischen ist bekannt, dass Mehrsprachigkeit zahlreiche Vorteile haben kann. Es gibt Hinweise darauf, dass sie die Konzentrations- und Aufmerksamkeitsfähigkeit steigert (Poarch & Bialystok, 2017), das Erlernen weiterer Sprachen erleichtert (Pfenninger & Singleton, 2019) und die metasprachliche Reflexionsfähigkeit fördert (vgl. Binanzer & Jessen, 2020). Auch aus neurophysiologischer und neuroanatomischer Sicht sind interessante Befunde zu nennen, die auf Vorteile hinweisen bzw. es erlauben, beobachtete Vorteile zu erklären:

> Die Besonderheiten des mehrsprachigen Gehirns zeigen sich in einer spezifischen Organisation von Netzwerken, in der besonderen Beanspruchung übergeordneter Funktionen (sogenannter exekutiver Funktionen) sowie „auf neuroanatomischer Ebene". (Sambanis, 2020, S. 64)

Eine „wertschätzende (...) Auseinandersetzung" (Binanzer & Jessen, 2020, S. 223) mit den unterschiedlichen Herkunftssprachen zunehmend heterogenerer Lerngruppen ist also aus unterschiedlichen Perspektiven nicht nur sinnvoll, sondern geboten. Jedoch scheint gerade im Kontext des Englischunterrichts das große Prestige des Englischen als internationale Verkehrssprache und *lingua franca* des globalen mehrsprachigen Raums sowie die zunehmende Relevanz des Englischen im Berufsleben eine weitergehende Einbeziehung der *home* und *dominant languages* (Herkunftssprachen) der Lernenden schwierig zu machen. Dadurch tritt das Ziel einer Mehrsprachigkeitskompetenz, also die „Fähigkeit, Kenntnisse in einer Sprache und des Sprachlernprozesses für das Erlernen einer anderen Fremdsprache zu nutzen" (Hallet & Königs, 2009, S. 303) immer noch in den Hintergrund. Dabei sind die Herausforderungen, die sich durch Unterrichtssituationen ergeben, „in denen mehrere Sprachen gleichzeitig Teil des Unterrichtsdesigns" sind und „sowohl rezeptiv als auch produktiv" (Mayr & Tschurtschenthaler, 2018, S. 194) verwendet werden, nicht zu unterschätzen. Denn die Einbeziehung unterschiedlicher Herkunftssprachen und die Förderung eines mehrsprachigen Kompetenzzuwachses stellt die Lehrkraft vor große, aber nicht unüberwindbare Herausforderungen (Bengelsdorf, 2018; Sambanis & Ludwig, 2021).

Mehrsprachigkeit im Englischunterricht fördern

Aus sprachwissenschaftlicher Perspektive ist Einsprachigkeit eigentlich eine Fiktion (Tracy, 2007). Somit ist Mehrsprachigkeit „gleichzeitig Ziel und Ausgangsbedingung des Sprachenlernens" (Jakisch, 2015, S. 15), geht es doch darum, Lernende auf die Bewältigung mehrsprachiger Kommunikationssituationen vorzubereiten, ihnen bewusst zu machen, über welche sprachlichen Ressourcen sie bereits verfügen und aufzuzeigen, wie sie diese sinnvoll einsetzen können. Welches

Fach wäre dafür besser geeignet als der Englischunterricht, wird doch dem Englischen eine „Sonderrolle auf dem Weg zur Anbahnung ‚echter' Plurilingualität zugeschrieben" (Jakisch, 2015, S. 69)? So gilt Mehrsprachigkeit nicht mehr als "insurmountable problem" (van Avermaet et al., 2018, S. 1) im Unterricht, sondern als Möglichkeit, Mehrsprachigkeitsbewusstsein sowie Mehrsprachigkeitskompetenz bei Lernenden zu entwickeln. In diesem Zusammenhang spricht Méron-Minuth (2018) von Englisch als Brückensprache (*bridge language*), Schröder (2009) vom Englischen als *gateway*, Quetz (2010) vom Englischen als „Tor zur Mehrsprachigkeit" (S. 176), während Hufeisen (2011) das Englische als Sprungbrett zur Anbahnung von Mehrsprachigkeit beschreibt.

In Hinblick auf die unterschiedlichen Dimensionen eines mehrsprachigkeitsspezifischen Englischunterrichts existieren unterschiedliche Modelle und Vorschläge zur Einteilung (siehe Abbildung 4). Dabei geht es nicht nur darum, die Neugier der Lernenden auf andere Sprachen zu wecken, sondern auch den Weg für den Erwerb und die aktive Nutzung anderer Sprachen zu ebnen und Lernende an eine aktive Teilhabe an mehrsprachigen Kommunikationssituationen heranzuführen.

Abbildung 4

Modelle und Vorschläge zur Einteilung eines mehrsprachigkeitsspezifischen Englischunterrichts

Jakisch (2015)	• sprachlich-kognitiv • affektiv-emotional • inhaltlich-thematisch • methodisch • interkulturell
Schröder (2009)	*Language Awareness / Language Learning Awareness*: • der sprachsystematische Bereich • der kulturelle Bereich • der kommunikative Bereich
Vollmer (2000)	• affektiv-attitudinale Komponente • kognitive Komponente • diskursiv-kommunikative Komponente • interkulturelle Komponente • lern- und arbeitstechnische Fertigkeitskomponente

Den Beiträgen in diesem Band liegt die Einteilung von Elsner und Lohe (2021) zugrunde, die drei Handlungsfelder identifizieren, innerhalb derer Mehrsprachigkeit thematisiert und gefördert werden kann. Diese Handlungsfelder können sich, je nach Aufgabe, überschneiden (siehe Abbildung 5).

Abbildung 5

Handlungsfelder einer Mehrsprachigkeitsdidaktik im Englischunterricht (basierend auf Elsner & Lohe, 2021)

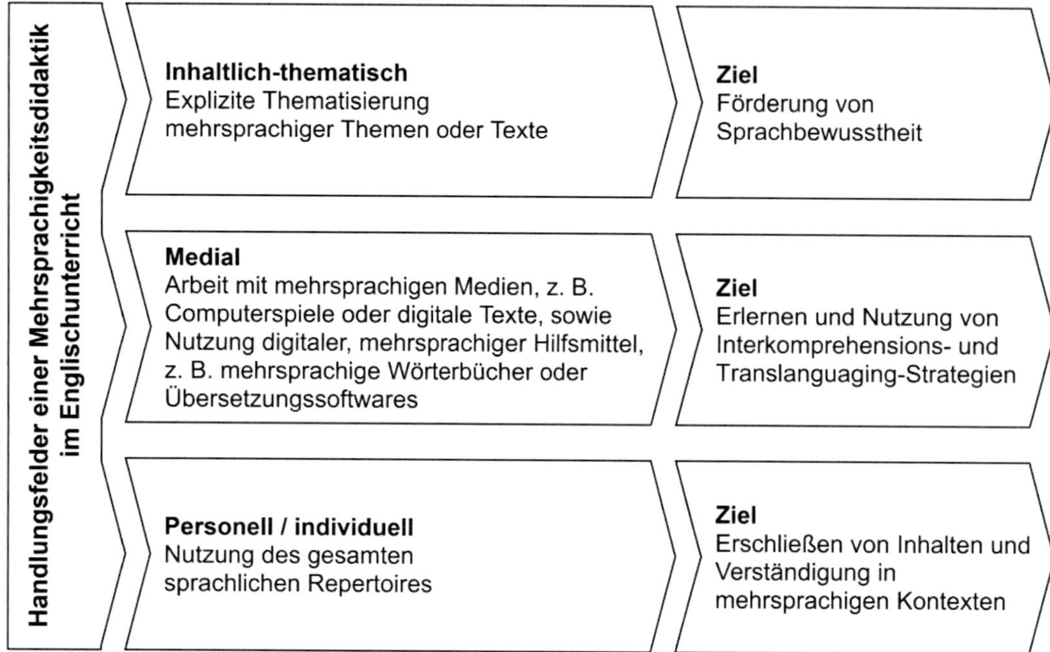

Abbildung 6 zeigt das Sprachenportrait einer in Deutschland lebenden litauischen Studierenden, die Englisch an der Freien Universität Berlin studiert. Die Farben der deutschen Flagge bilden den Hintergrund der Zeichnung und repräsentieren, wie sie in ihrem Alltag von der deutschen Sprache umgeben ist. Ihr Herz, in den Farben der Flagge Litauens, ‚ist' jedoch litauisch, ergänzt durch die litauische Landesbezeichnung auf dem Oberteil. Die Handtasche in der Hand zeigt den *Union Jack* und deutet auf die Rolle des Englischen als ‚sichere' Sprache der Kommunikation hin, auf die sie im Alltag immer wieder zurückgreifen kann sowie ihren späteren Beruf als Englischlehrende. Nicht zuletzt repräsentieren die Farben der Russischen Föderation ihre Russischkenntnisse, die sie auch aktiv in Gesprächen einsetzt.

Abbildung 6

Beispiel eines language portraits *(Vilma Schmidt, Juli 2021)*

Zusätzlich zur Förderung des (eigenen) Mehrsprachigkeitsbewusstseins gibt es auch mittlerweile zahlreiche Vorschläge zur mehrsprachigen Wortschatzarbeit (KoMBi, 2020; Little & Kirwan, 2019), zu Sprachvergleichen u. a. im Bereich der Grammatik, Lesekompetenz (Delanoy, 2014; Kersten & Ludwig, 2018) oder mehrsprachigen Theaterprojekten (Henning, 2019; Ilg et al., 2015; KoMBi, 2020; Sambanis & Walter, 2020).

Zur Thematisierung sowie Förderung von Mehrsprachigkeit eignen sich alle Textsorten, die in mehreren Sprachen verfasst sind, die mehrsprachige Lebensrealitäten von Menschen widerspiegeln, zum Nachdenken über Mehrsprachigkeit anregen bzw. es ermöglichen, mehrsprachige Identitäten auszudrücken. Dazu zählen u. a. literarische Texte, Filme, Lieder und Computerspiele. Des Weiteren können Lernende gebeten werden, eigene mehrsprachige schriftliche oder audio-visuelle Texte in unterschiedlichen Sprachen zu erstellen. Dadurch werden sie zur Reflexion über die Verwendung unterschiedlicher Sprachen angeregt.

Die folgenden Gedichte, welche von Master-Studierenden in einem Seminar zu Mehrsprachigkeit an der Freien Universität Berlin im Rahmen einer generativen Schreibübung erstellt wurden, zeigen, welche Möglichkeiten das Erstellen eigener Texte bietet. Die kurzen Gedichte spielen mit unterschiedlichen Sprachen, erforschen das eigene Sprachrepertoire, schöpfen es aus und reflektieren die Bedeutung von Sprache(n).

Beide Gedichte zeigen, dass Sprache nicht nur einfach ein Kommunikationsinstrument darstellt, sondern auch identitätsstiftend ist. Wir nutzen Sprache, um uns auszudrücken, um anderen mitzuteilen, wer wir sind. In dem ersten Gedicht beschreibt der Verfasser, welche Tätigkeiten er mit welcher Sprache verbindet. Seine Mutter ist eine der wenigen Personen, mit denen er Türkisch spricht. Denken jedoch erfolgt in allen Sprachen: "In my mind all languages mix together, so I'm unable to pinpoint a certain language I think in" (Can Turan, Juni 2021).

I read in English
Ich spreche auf Deutsch
Ben annem ile türkçe konuşuyorum
I think without a language (Can Turan, Juni 2021)

Vor allem das zweite Beispiel hebt hervor, wie Sprache als Teil unserer Selbst mit anderen Aspekten unserer Identität zusammenhängt. Die Verfasserin, die zweisprachig (deutsch-italienisch) aufgewachsen ist, reflektiert hier mithilfe unterschiedlicher Sprachen die verschiedenen Assoziationen, die sie mit dem Konzept der Nichtbinarität verknüpft, das ursprünglich in Bezug auf Gender im Seminar thematisiert wurde. Dabei spielt sie mit den verschiedenen Bedeutungen des italienischen Wortes *binario*, welches sowohl Gleis (*track*) aber auch Bahnsteig (*platform*) bedeuten kann und auf das englische Wort *binary* anspielt:

Il binario non-binario
Das Gleis nichtbinär

There is a train on non-binary tracks
departing from platform B.

„Attenzione!
Treno in partenza
Da binario B“

Ein Zug –
made out of beautiful pieces of wrecks
Destination: inconnue.

"Let's leave the platform and board this train!"
(il treno non-binario lascia binario B …)
Ein Zug nichtbinär. (Francesca Janz, Juni 2021)

Neben dem Einsatz mehrsprachiger Materialien bieten sich unterschiedliche Vorgehensweisen bzw. Methoden zur Förderung einer plurilingualen Kompetenz im Englischunterricht an. Hierbei geht es nicht nur um den Einsatz von Lern- und Arbeitstechniken, die Lernende an die (autonome und eigenständige) Auseinandersetzung mit mehrsprachigen Texten heranführen, um sie zum Beispiel im Rahmen kollaborativer Schreibprozesse zur eigenen Erstellung solcher Texte anzuregen, sondern auch darum, Lernenden Raum zu geben, ihre eigenen Sprachen aktiv im Unterricht zu nutzen, ihr individuelles Sprachrepertoire einzubringen und die Sprachen der Mitlernenden kennenzulernen. So ermöglichen beispielsweise kooperative Lernformen wie Partner- und Gruppenarbeit, Lernenden die Verwendung ‚eigener' Sprachen freizustellen und sie so für mehrsprachige Sprachlern- und Arbeitsprozesse zu sensibilisieren. Das bedeutet, dass in einzelnen Phasen einer Gruppenarbeit zum Beispiel Türkisch oder Arabisch genutzt werden darf. Bevor die Ergebnisse der Arbeitsphase ins Plenum gebracht werden, hat es sich als hilfreich erwiesen, die Gruppenarbeit mit einer Phase zu schließen, in der die ggf. in unterschiedlichen Sprachen ausgehandelten Arbeitsergebnisse auf Englisch vorformuliert werden, damit die Lernenden nicht beim Wechsel in die englische Sprache in Formulierungsnot geraten. Das abschließende Äußern der Kerngedanken auf Englisch regt zugleich zur Rückschau an und kann sprachlich-kognitive Prozesse stützen.

Planung und Evaluation mehrsprachiger Lernprozesse und Produkte

Quartapelle und Schwienbacher (2016) schlagen für die Planung eines mehrsprachigkeitssensiblen Englischunterrichts das Erstellen eines Planungsrasters vor, welches die Lehrkraft dabei unterstützt, mehrsprachigkeitsfördernde Lernziele zu formulieren sowie Mehrsprachigkeit in alle Bereiche der Unterrichtsplanung miteinzubeziehen. Damit lassen sich ganz konkret Räume (*spaces*) schaffen (García, 2009), welche die Beschäftigung mit Mehrsprachigkeit ermöglichen und nicht nur ein Bewusstsein seitens der Lernenden anstoßen, dass mehrsprachige Aushandlungsroutinen normativer und integraler Bestandteil des gesellschaftlichen Zusammenlebens sind, sondern auch Aufgabenformate kreieren, die Lernenden helfen, eigene sprachliche Ressourcen zu erkennen und in mehrsprachigen Kommunikationssituationen sinnvoll zu nutzen. Tabelle 1 zeigt eine adaptierte Version des Planungsrasters und illustriert, wie eine mehrsprachigkeitssensible Planung aussehen kann.

Tabelle 1

Mögliches Planungsraster zur Gestaltung eines mehrsprachigkeitssensiblen Englischunterrichts (basierend auf Quartapelle & Schwienbacher, 2016)

Kategorie	**Spezifizierungen**
Thema	Stellt das Thema Bezüge zu Mehrsprachigkeit her?
Materialien	Lassen sich mehrsprachige Materialen miteinbeziehen? Gibt es Möglichkeiten, Lernende mehrsprachige Materialien erstellen zu lassen?
Sprachen	Welche weiteren Sprachen außer Englisch können miteinbezogen werden?
Sprachhandlungen	Wie lassen sich mehrsprachige Sprachhandlungen anregen?
Strategien	Welche mehrsprachigkeitsbezogenen Lernstrategien lassen sich fördern? Beispielsweise Strategien zum Erschließen mehrsprachiger Texte oder Filme
Scaffolding	Inwiefern wird sprachübergreifendes (*peer-*)*scaffolding* ermöglicht?
Reflexion	Welche Möglichkeiten gibt es, Lernende zur Reflexion mehrsprachiger Interaktionen inner- und außerhalb des Klassenraums anzuregen?
Zusätzlich	Lassen sich andere Unterrichtsfächer / Kolleginnen / Kollegen einbeziehen?

Nicht nur die Planung, sondern auch die Beobachtung und Evaluation mehrsprachiger Lernprozesse stellt eine besondere Herausforderung für Lehrkräfte dar, vor allem, wenn Sprachen miteinbezogen werden, welche die Lehrkraft selbst nicht oder nur in Ansätzen beherrscht. Mayr und Tschurtschenthaler (2018) weisen darauf hin, dass

> insbesondere bei der Beobachtung und Evaluation des mehrsprachigen Kompetenzzuwachses der Lernenden die Lehrpersonen außerordentlich gefordert sind, da sie sich in einer völlig neuen und ungewohnten Unterrichtssituation orientieren müssen. (S. 194)

So stellt sich nicht nur die Frage danach, wie unterschiedliche Herkunftssprachen in den Unterricht miteinbezogen werden können, sondern auch, wie entsprechende Unterrichtshandlungen, Materialien und Methoden beurteilt werden und wie Kompetenzzuwächse seitens der Lernenden festgestellt und bewertet werden können.

Neben der Reflexion mehrsprachiger Sprachhandlungen seitens der Lernenden, kann auch die Reflexion der eigenen Gestaltung mehrsprachigkeitssensibler Unterrichtsszenarien im Sinne des *action-* bzw. *practitioner research*-Ansatzes durchaus hilfreich sein, der zum Ziel hat, Professionalisierungsprozesse als integralen Bestandteil der eigenen beruflichen Praxis zu sehen. So versteht Watts (1985) *action research*, eine Unterkategorie des *practitioner research*, als "process in which participants examine their own educational practice systematically and carefully, using techniques of research" (S. 118). Dabei lassen sich vier letztlich zirkulär angelegte Phasen des *action research* unterscheiden: *gathering data*, *analysing / reflecting*, *deciding a new course of action*, *asking (new) questions*. Dabei geht es nicht um die Durchführung aufwendiger oder komplexer Forschungsprojekte, sondern um die niedrigschwellige Evaluation mehrsprachigkeitssensibler Lernprozesse, z. B. durch die Beobachtung und Befragung von Lernenden oder das Sammeln von Lernprodukten

Denn auch in der Mehrsprachigkeitsdidaktik gilt: "No action without research – no research without action" (Pine, 2009, S. 239). Mögliche Explorationsfragen sind z. B.

- Wie reagieren die Lernenden auf die Arbeit mit mehrsprachigen Materialien?
- Welche *Scaffolding*-Angebote werden im Rahmen mehrsprachigkeitssensibler Lernprozesse (besonders) gut angenommen?
- Führt die Einbeziehung der *home / dominant languages* der Lernenden zu einer besseren Motivation?
- Wirken sich kollaborative Schreibprojekte positiv auf die mehrsprachige Schreibkompetenz der Lernenden aus?

Die Beiträge in diesem Band

Die Unterrichtsvorschläge in *English and beyond: Impulse zur Förderung von Mehrsprachigkeit im Englischunterricht* bieten praktische Anregungen für einen mehrsprachigkeitssensiblen Englischunterricht. Dabei haben alle Aufgaben zum Ziel,

- die sprachlichen Vorkenntnisse der Lernenden aktiv in das Unterrichtsgeschehen miteinzubeziehen,
- die Sensibilität für die eigenen (herkunftsbedingten) Sprachbiografien zu stärken,
- das Bewusstsein der Lernenden für sprachliche und kulturelle Diversität (*plurilingual and cultural awareness*) zu erhöhen (intro- und retrospektive Perspektive),
- Bezüge zwischen Sprachen herzustellen,
- Strategien zu vermitteln, um (vorhandene) Sprachkenntnisse auszubauen und das Erlernen weiterer Sprachen anzubahnen (prospektive Perspektive).

Alle Beiträge bieten dabei einen kurzen einleitenden Kommentar sowie Unterrichtsbeispiele. Des Weiteren beinhalten sie konkrete Anregungen zur (Selbst-)Reflexion und geben Anstöße für eine prozessorientierte Erforschung der eigenen Praxis, durch die sich Lehrende mit den unterrichtlichen Handlungsprozessen und Zielvorstellungen auseinandersetzen und Ansatzpunkte zur Weiterentwicklung ihres mehrsprachigkeitssensiblen Englischunterrichts identifizieren können.

Mehrsprachiger Begrüßungssong mit Bewegungselementen

Der Beitrag nutzt einen spielerisch-musischen Zugang zu Mehrsprachigkeit. Im Zentrum steht ein Begrüßungssong, der gemeinsam gesungen und zusammen in mehreren Sprachen sowie durch einfache Bewegungen ausgestaltet wird. Er kann zu einem Ritual werden, das den Beginn des Englischunterrichts markiert.

A visitor from Turkey* – Förderung von Mehrsprachigkeit im Rahmen der *Storyline 'Our Street'

Der *Storyline Approach* ist durch große inhaltliche Flexibilität gekennzeichnet und bietet Lernenden viel Raum für kreative Sprachverwendung. Mehrsprachige Aspekte können sehr authentisch situativ eingebettet werden. In diesem Beispiel kommt Besuch in die Familie, der weder Englisch noch Deutsch spricht.

***'I like cooking my family'**: Mehrsprachige Grammatikarbeit**

Die sprachliche Vielfalt in mehrsprachigen Lerngruppen bietet zahlreiche Möglichkeiten, Grammatikunterricht alltagsnah und lernendenorientiert zu gestalten. Am Beispiel der Progressivform werden Möglichkeiten aufgezeigt, andere Sprachen aktiv in die Grammatikarbeit einzubinden.

Learning a play through gestures: A Dentist to the Rescue

Geräusche, Geschichten und Theater fördern nicht nur Neugier, sie begünstigen auch das Lernen. Allerdings kann das Erlernen von Theatertexten schwierig sein. Durch den Einsatz der ‚Geheimsprache' der kodifizierten Gesten zeigt dieser Beitrag, wie Lehrkräfte dabei aktiv unterstützen können.

Erklärvideos im mehrsprachigkeitssensiblen Englischunterricht am Beispiel von Koch- und Backtutorials

Digitale Medien spielen auch im Englischunterricht eine zentrale Rolle. Ziel dieses Beitrages ist es, das Potenzial digitaler Tools zur Förderung mehrsprachiger Diskurskompetenz am Beispiel von lernendenproduzierten Koch- und Backtutorials aufzuzeigen.

Planning a virtual trip through multilingual Miami: Interaktive digitale Karten im mehrsprachigkeitssensiblen Englischunterricht

Interaktive digitale Karten spielen in der Lebenswelt von Lernenden eine große Rolle. Dieser Beitrag, in dem Lernende eigenständig Touren durch Miami planen, stellt einen innovativen Unterrichtsvorschlag für die Integration digitaler Werkzeuge in den mehrsprachigkeitssensiblen Englischunterricht vor.

Every word is a poem: Mehrsprachige Gedichte im Englischunterricht

Plurilinguale Gedichte bieten Ausdrucksmöglichkeiten für eine mehrsprachige Generation. Am Beispiel von *free verse poems* werden verschiedene Einsatzmöglichkeiten von mehrsprachigen Gedichten im Englischunterricht aufgezeigt.

An bhfuil Gaeilge agat? Do you speak Irish? – Ein dramapädagogischer Ansatz zur Entwicklung einer plurilingualen Sprachförderungskampagne

Angelehnt an den *Mantle of the Expert*-Ansatz agieren die Lernenden im Rahmen als Expertinnen und Experten, die eine Sprachförderungskampagne entwickeln. Dabei setzen sie sich am Beispiel des Irischen mit der Frage auseinander, warum es sich lohnt, eine Sprache zu lernen.

Liebe ist _halal_ – Wie verändert sich Sprache, wenn sich die Sprechenden verändern?

Tamam, Alman! Es ist so einfach, englische Vokabeln zu lernen, wenn es einem gelingt, die Schatzkiste von anderen Sprachen im Kopf zu öffnen. Durch das Wissen um den Zusammenhang von Wortschatzentwicklung und Einwanderung sollen die Lernenden den Schlüssel zu ihrer Schatzkiste erhalten.

Scaffolding im mehrsprachigkeitssensiblen Englischunterricht

Scafffolds versprechen eine systematische Unterstützung beim Bearbeiten einer Aufgabe und können somit auch andere Sprachen funktional in den Englischunterricht einbinden. Am Beispiel eines Redemanuskripts dürfen Lernende ihren mehrsprachigen Fähigkeiten freien Lauf lassen.

Jahrgangsstufe: 5/6

Begleitmaterialien:

1. Abbildung '*Languages in our class*'
2. Arbeitsblatt '*Find someone who…*'
3. Arbeitsblatt '*If you're happy…*'
4. PowerPoint Präsentation '*If you're happy: step by step*' (→ Homepage Brigg Verlag)

Mehrsprachiger Begrüßungssong mit Bewegungselementen

Michaela Sambanis & Oriana Uhl

Warm-up:

- Welche Vorteile bietet der Einsatz von Musik im Englischunterricht?
- Wie lassen sich Songs zur Förderung von Mehrsprachigkeit nutzen?

Einleitung

Das Einbinden von Musik in den Englischunterricht ist ein Thema, das in der Fremdsprachendidaktik mit wachsendem Interesse behandelt wird (Falkenhagen & Volkmann, 2019; Gehring, 2017; Sambanis, 2015). Musikhören nimmt eine wichtige Rolle im Alltag von Heranwachsenden ein und stellt eine der häufigsten Nutzungsarten von Medien bei Jugendlichen dar (Medienpädagogischer Forschungsverbund Südwest, 2019). Aber auch die aktive Beschäftigung mit Musik ist wichtig im Leben vieler Jugendlicher (Medienpädagogischer Forschungsverbund Südwest, 2019).

Der Einsatz von Musik im Englischunterricht ermöglicht den Brückenschlag zwischen schulischem Unterricht und der außerschulischen Lebenswelt. Jugendliche nutzen Musik darüber hinaus oftmals zum Ausdruck oder der Regulation von Emotionen (Juslin, 2016); auch kann Musik einen Beitrag zur psychosozialen Hygiene der Lernenden leisten (Blell, 2017). Der Einsatz von Musik im Englischunterricht stellt, neben einer Erweiterung der kognitiven Lernzugänge (Blell, 2017), eine Möglichkeit zur Synchronisation der Lernenden dar (Sambanis & Walter, 2020). Auch im Klassenzimmer kann Musik eingesetzt werden, um die Stimmung zu heben und das Zusammengehörigkeitsgefühl zu stärken. Singen in der Gruppe regt dazu an, sich aufeinander einzustimmen. Gemeinsames Singen oder Musizieren führt dabei oft zu einem Angleichen der Hirnaktivierung: man synchronisiert sich, man kommt tatsächlich auf eine Wellenlänge, fühlt sich zugehörig und positiv aktiviert. Eine derart intensive, positive Aktivierung der Lernenden bildet eine sehr günstige Grundlage, um anderen Sprachen mit Freude und Offenheit im Rahmen eines gemeinschaftlichen Unterrichtsereignisses zu begegnen. Das Potenzial gemeinsamen Singens sollte deshalb nicht ungenutzt bleiben!

Ziel dieses Beitrages ist es, am Beispiel eines mehrsprachigen Begrüßungsliedes aufzuzeigen, wie sich eine ganzheitliche Lernendenaktivierung im Rahmen eines gemeinschaftlichen Unterrichtsereignisses mit der Wertschätzung sprachlicher Fähigkeiten der Lernenden verbinden lässt (siehe Einleitung; Blell & Doff, 2014).

Musik im Englischunterricht

Die Aktivierung der Lernenden stellt in jedem Unterricht eine Herausforderung für die Lehrperson dar. Gerade bei jüngeren Lernenden ist es aus lernpsychologischer Perspektive sinnvoll, diese Aktivierung möglichst ganzheitlich zu gestalten (Sambanis, 2013). Das Etablieren von Ritualen kann im Unterrichtsalltag zu einem reibungsloseren Übergang von einer Phase in die nächste Phase beitragen (Böttger & Sambanis, 2017). Zu Beginn der Unterrichtsstunde kann ein Ritual außerdem den Wechsel von einem anderen Schulfach zum Englischunterricht erleichtern.

Durch das Singen mehrsprachiger Songs kann ein Synergieeffekt erreicht werden: Es ermöglicht ein Einbeziehen der sprachlichen Ressourcen in der Klasse bei gleichzeitiger musikbasierter physischer Aktivierung der Lernenden. Auf diese Weise können Schülerinnen und Schüler als plurilinguale Sprechende zur Kenntnis genommen werden und die Sprachen Wertschätzung erfahren (Levine, 2013). Bei dem von uns vorgeschlagenen Vorgehen wenden die Lernenden außerdem Sprachmittlung zur Übertragung englischer Phrasen in ihre jeweiligen Herkunftssprachen an (Königs, 2020).

Mehrsprachiger Begrüßungssong im Englischunterricht

Die Klasse soll einen mehrsprachigen Begrüßungssong erlernen und mit Bodypercussion-Elementen anreichern. Der Song kann mit den in der Klasse vorhandenen sprachlichen Ressourcen erweitert und ausgestaltet werden, sodass er die Sprachenvielfalt in der Klasse aufgreift und erfahrbar macht. Dabei steht das gemeinsame musikalische Handeln der Lernenden und die Wertschätzung (siehe Einleitung) der vorhandenen sprachlichen Vielfalt im Vordergrund, wobei beides zu einem respektvollen, lernförderlichen Unterrichtsklima beitragen soll.

Zu Beginn der Stunde entdecken die Lernenden Begrüßungsformeln in verschiedenen Sprachen (→ Begleitmaterial 1), woraus sich ein Unterrichtsgespräch entwickelt, das sich zunächst um die Frage dreht, was die Lernenden vor sich sehen, und dann zu der in der Klasse vorhandenen Mehrsprachigkeit überleitet. Hier schließt eine kurze spielerische Phase an, in der die Lernenden *Find someone who…* spielen (→ Begleitmaterial 2). Dabei bewegen sie sich frei durch das Klassenzimmer und versuchen unter ihren Mitschülerinnen und Mitschülern diejenigen zu finden, die die Fragen mit *Yes* beantworten können und tragen anschließend deren Namen in das passende Kästchen ein. Diese Phase bietet einen englischsprachigen Sprechimpuls. Sie dient dem besseren gegenseitigen Kennenlernen sowie der Erfassung und Bewusstmachung von Mehrsprachigkeit in der eigenen Klasse. Die Ergebnisse sollten in einem kurzen Auswertungsgespräch gesichert werden. Dabei kann begleitend eine Visualisierung erstellt werden. In der folgenden Erarbeitungsphase (→ Begleitmaterial 4) erlernen die Schülerinnen und Schüler den Song schrittweise. Die Vermittlung erfolgt nach dem Prinzip des Vormachens und Nachmachens, wobei immer eine Phrase vorgesprochen (gesungen) und anschließend von den Lernenden nachgesprochen (gesungen) wird. Die einzelnen Phrasen werden so lange wiederholt, bis die Lernenden Text und Melodie des Songs sicher wiedergeben können. Im nächsten Schritt werden einfache Bewegungen (Veranschaulichung des Textinhalts, z. B. *clap your hands*) hinzugenommen.

Anschließend werden die Lernenden gefragt, ob sie den Textabschnitt *clap your hands* auch in einer anderen Sprache sagen können. Es ist auch möglich, dies als Hausaufgabe aufzugeben: Frage deine Eltern / Großeltern / Freundinnen und Freunde usw., wie das in ihrer Herkunftssprache heißt.

Dann werden einzelne Lernende ausgewählt, die den anderen Kindern die Phrase *clap your hands* in ihrer Herkunftssprache, z. B. auf Türkisch oder einer anderen ihnen bekannten Sprache, beibringen, indem sie diese vorsprechen. Durch online verfügbare Übersetzer kann sich die Lehrkraft davon überzeugen, dass tatsächlich *clap your hands* gesagt wird. Es ist wichtig, in einer flotten Runde alle Beiträge kurz zu hören und wertzuschätzen.

Nun wird die erste Strophe des Begrüßungssongs gemeinsam gesungen und erweitert: Am Ende der 1. Zeile ruft der ausgewählte Lernende einzeln *clap your hands* z. B. auf Türkisch ein. Am Ende der 2. Zeile rufen alle Kinder den Einwurf gemeinsam und auch am Ende der 4. Zeile wird der Einwurf von allen gemeinsam gerufen (→ Begleitmaterial 3). Dies wird auch mit den folgenden Strophen (Strophe 2: *stamp your feet*; Strophe 3: *smile and dance*) wiederholt, wobei andere Kinder aufgefordert werden, die beiden Phrasen in weitere ihnen bekannte Sprachen zu übertragen. Ein Beispiel hierfür ist in Begleitmaterial 3 zu finden.

Die schrittweise Erweiterung des Begrüßungssongs muss nicht auf einmal erfolgen, sondern kann sich als kurzes Warm-up über mehrere Unterrichtsstunden erstrecken. Kommen im Laufe des Schuljahres neue Kinder in die Klasse, können diese entweder ihre Familiensprache in dem Lied bereits wiederfinden oder sie tragen zu einer Erweiterung des Repertoires bei und bringen den neuen Klassenkameradinnen und -kameraden die Phrasen in ihrer Sprache bei. Auch das Dichten weiterer

Strophen ist bei diesem Lied nicht schwer (z. B. *jump and wave*, *touch your toes*). Um den Unterrichtsimpuls zu erweitern, können die Lernenden den Song durch neugelernte Verben ergänzen. Es bietet sich dadurch die Möglichkeit, Gelerntes zu festigen und zu wiederholen und den Lernfortschritt im Begrüßungssong sichtbar zu machen.

Bodypercussion-Bewegungen zu *If you're happy*

If	you're	happy	and	you	know	it,	clap	your	hands.	*Ellerini çırp!* *Stampf' mit dem Fuß!* *Souris et danse*			
		RB			LB				RB	X O D		X O	
If	you're	happy	and	you	know	it,	clap	your	hands.	*Ellerini çırp!* *Stampf' mit dem Fuß!* *Souris et danse!*			
		LB			RB				LB	X O D		X O	
If	you're	happy	and	you	know	it,	and	you	really	want	to	show	it,
		RB			LB				RB			LB	
if	you're	happy	and	you	know	it,	clap	your	hands.	*Ellerini çırp!* *Stampf' mit dem Fuß!* *Souris et danse!*			
		RB			LB				RB	X O D		X O	

X = in die Hände klatschen; O = Stampfen;
D = im Kreis drehen; RB = Schritt nach rechts; LB = Schritt nach links

Anregungen zur Unterrichtsforschung

- Findet das Ritual Akzeptanz bei den Lernenden?
- Welche sprachlichen Beobachtungen haben die Lernenden gemacht? (Lieblingswörter, schwierige Wörter, besondere Laute in den Wörtern, Ähnlichkeiten etc.)

Name: ______________

Languages in our class

Date: ____________

Name: ________________ **Find someone who ...** Date: ____________

Task:
Find out which languages your classmates understand or speak, apart from German and English.

Let's play *find someone who ...*

Walk around your classroom and find someone who can answer one of the questions below with *yes*.

Write down the name and the language, then find someone else for the next question.

1. Find someone who can count to ten in another language.

   ____

2. Find someone who can sing a song in another language.

   ____

3. Find someone who celebrates holidays differently than you do with your family.

   ____

4. Find someone who can order ice cream in more than one language.

   ____

5. Find someone who, at home, speaks another language than you.

   ____

6. Find someone who travelled to another country in summer.

   ____

Zusatzaufgabe

Ask your parents or grandparents...

If you're not sure, ask your parents or grandparents how to say *clap your hands / stamp your feet / smile and dance* in another language.

If they agree and you want to, record it for us with your mobile phone and bring the audio file to class.

Name: ______________ **If you're happy …** Date: ____________

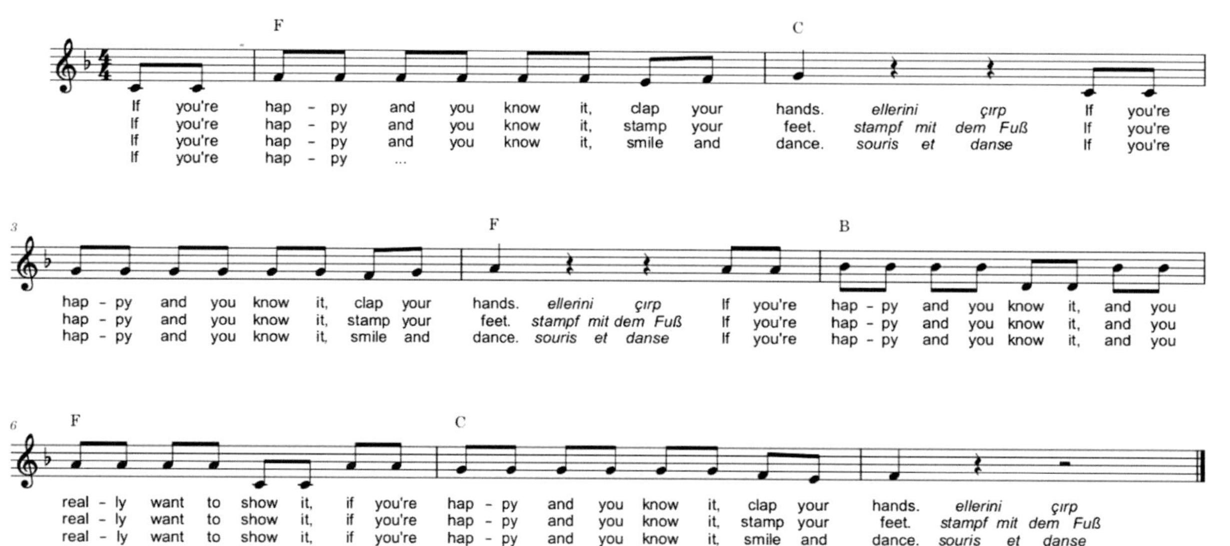

Task:

Now that you can sing the song *If you're happy*, you can include different languages. After each sentence, there is a little pause. Fill it by calling out the sentence in another language! Choose a classmate who speaks another language and ask her/him to fill the first pause so that you can hear how *clap your hands* is pronounced in, for example, Turkish. When the same sentence comes up again, followed by another pause, join in and say it out loud together.

Would you like to move around while singing? Take a look at the box below.

Do you know more languages? Great, just add them and sing the song once more. Have fun!

Bewegungen zu *If you're happy*

If	you're	happy	and	you	know	it,	clap	your	hands.	*Ellerini çırp*!			
										X		X	
		RB			LB				RB				
If	you're	happy	and	you	know	it,	clap	your	hands.	*Ellerini çırp*!			
										X		X	
		LB			RB				LB				
If	you're	happy	and	you	know	it,	and	you	really	want	to	show	it,
		RB			LB				RB			LB	
if	you're	happy	and	you	know	it,	clap	your	hands.	*Ellerini çırp*!			
										X		X	
		RB			LB				RB				

X = in die Hände klatschen; RB = Schritt nach rechts; LB = Schritt nach links

Jahrgangsstufe: 5/6

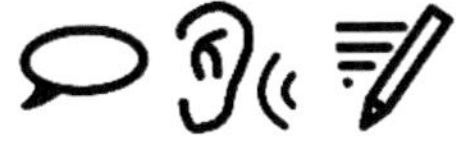

Begleitmaterialien:

1. Arbeitsblatt '*An email from your aunt*'
2. Text '*A visitor from Turkey*'
3. Arbeitsblatt '*A visitor from...*'
4. PowerPoint Präsentation '*A visitor from Turkey*' (→ Homepage Brigg Verlag)

A visitor from Turkey – Förderung von Mehrsprachigkeit im Rahmen der *Storyline 'Our Street'*

Katrin Harder

Warm-up:

- Inwiefern ist der *Storyline Approach* geeignet, einen authentischen situativen Rahmen für mehrsprachigkeitssensibles Arbeiten bereitzustellen?
- Welche Vorteile bieten dabei die fiktiven Charaktere, aus denen heraus sprachlich interagiert wird?

Einleitung

Beim *Storyline Approach* handelt es sich um einen Ansatz, der Lernenden viel Raum für Fantasie und Kreativität bietet. Das Erschaffen einer fiktiven Person und das Erfinden von Situationen und Ereignissen unterschiedlichster Art führen zu vielfältigem sprachlichen Output. Die Sprache wird dabei spielerisch angewendet. In einem solchen *Setting* bietet es sich besonders an, weitere Sprachen in den Englischunterricht einzubeziehen und deren Verwendung auf authentische Weise situativ einzubetten.

In diesem Beitrag wird am Beispiel der *Storyline* '*Our Street*' gezeigt, wie Aktivitäten zur Förderung von Mehrsprachigkeit in diesen Ansatz integriert werden können.

Der ***Storyline Approach*** wurde in den 1960er Jahren in Schottland für den fächerübergreifenden Unterricht in der Grundschule entwickelt und wird seitdem in vielen Ländern der Welt in den unterschiedlichsten Bildungskontexten eingesetzt. Weitere Informationen und zahlreiche Beispiele für *Storylines* finden sich auf der Website von *Storyline Scotland*.

Der *Storyline Approach* im Fremdsprachenunterricht

Auch wenn der *Storyline Approach* ursprünglich nicht für den Fremdsprachenunterricht konzipiert wurde, erkannte man bald auch dessen Wert für das Fremdsprachenlernen (Kocher, 2019). Inzwischen existieren diverse *Storylines*, die speziell für den Englischunterricht konzipiert wurden (u. a. Ahlquist, 2013; Ehlers, 2016).

Zentrale Elemente sind:

- Es wird ein Ort gewählt, an dem sich üblicherweise viele Menschen aufhalten, z. B. ein Einkaufszentrum, ein Markt, ein Kreuzfahrtschiff, ein Hotel, eine Schule o. Ä.
- Jedes Kind entwirft einen *character*, eine fiktive Person, aus deren Perspektive sie oder er im gesamten Verlauf der *Storyline* handelt.
- Nach einem von der Lehrkraft inszenierten Einstieg, auch als *hook* bezeichnet (Østern, 2020), entfaltet sich die *story*, die in mehrere Episoden gegliedert ist und mit einem *culminating event* (Bell & Harkness, 2006) endet.
- Die *story* wird durch so genannte *incidents* vorangetrieben, die jeweils durch eine offene Fragestellung, eine *key question*, eingeleitet werden (*What kinds of stalls would you like to see at our street festival? How can people find out about our hotel?*). Bei den *incidents* handelt es sich um positive (*a party, someone wins a prize* etc.) oder auch problematische Ereignisse (*something gets stolen, someone gets injured*), die jeweils zu sprachlichem Output führen. Dieser wird durch sorgfältig geplante Aufgaben auf der Grundlage des Rahmenlehrplans von der Lehrkraft initiiert (Ahlquist, 2019).
- Die im Verlauf der *Storyline* entstehenden Produkte sind während des gesamten Projekts im Klassenraum sichtbar, damit stets darauf zurückgegriffen werden kann. Sowohl der Ort als auch die Personen werden von den Lernenden aus Bastelmaterial hergestellt oder gezeichnet. Hinzu kommen die sprachlichen Produkte in Form von *wordbanks*, *biography cards* zu den Charakteren, aber auch Texte aller Art.

Die *Storyline* '*Our Street*'

Als Ort wurde in diesem Beispiel eine (fiktive) Straße in London gewählt. Die Stadt eignet sich besonders, da dort Menschen vieler unterschiedlicher Kulturen zusammenleben. Dies bildet einen realistischen Rahmen für mehrsprachige Aktivitäten und es können auch landeskundliche Aspekte einfließen. Wichtig ist außerdem, dass ein englischsprachiges Land als Ort gewählt wird, damit nachvollziehbar wird, warum in erster Linie Englisch die Sprache der Kommunikation ist.

Die Lernenden finden sich in Gruppen von ca. vier Kindern zusammen und bewohnen jeweils ein Haus. Nachdem überlegt wurde, wer in ihrem Haus wohnt (eine Familie mit Kindern, eine Gruppe von Freunden), entwerfen die Gruppenmitglieder jeweils ihren *character* (Zeichnung oder Collage) und halten in einer *biography card* den Namen, Charaktereigenschaften, Hobbys, Vorlieben und Abneigungen fest (siehe Abbildung 7).

Im nächsten Schritt wird das Haus entworfen und eingerichtet: Dabei geht es um das Wortschatzthema *Around the house*. Nachdem man sich in der Gruppe darauf geeinigt hat, welche Räume es im Haus geben soll, werden diese arbeitsteilig gestaltet. Dies erfolgt zweidimensional in Form von Zeichnungen oder Collagen (DIN A5), die dann zu einem Haus zusammengesetzt werden.

Abbildung 7

Beispiel einer biography card *und einer* figurine

Name	*Jack Knight*
Age (How old?) I am ... years old.	*I am 32 years old.*
Job I am a ...	*I am a boss of a media company.*
Looks I have got ...	*1. small feet* *2. blond hair* *3. blue eyes*
Personality	*1. friendly* *2. happy*
Likes I like ...	*1. football* *2. computer games* *3. books*
Dislikes I don't like ...	*1. maths* *2. ballet*

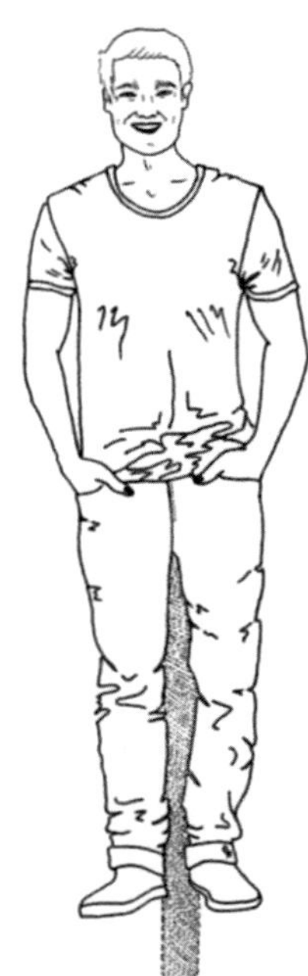

Bevor die verschiedenen Räume zusammengefügt werden, werden diese kopiert und beschriftet (*labelling*) (siehe Abbildung 8). Sie dienen dann als individuelle *vocabulary sheets* und haben bei der nachfolgenden Aktivität unterstützende Funktion. Hier sollen die Kinder nun auch Begriffe in einer weiteren Sprache eintragen, zu der sie Kontakt haben. Dazu benötigen sie ggf. die Hilfe von Eltern, Geschwistern oder Freundinnen und Freunden. Selbstverständlich können auch *online dictionaries* in der Klasse verwendet werden.

Abbildung 8

Beispiel Room labelled *(Selin Harder, Oktober 2021)*

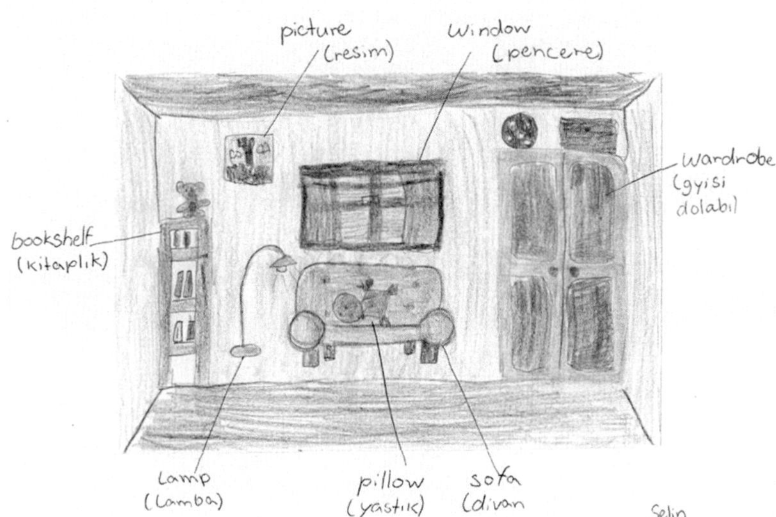

A visitor from Turkey

Die Lehrkraft präsentiert nun eine E-Mail (→ Begleitmaterial 4), die eine Tante aus der Türkei an eine der Familien geschickt hat. (Das Beispiel kann natürlich entsprechend abgewandelt werden, je nachdem welche Sprachen in der Lerngruppe vorhanden sind. Im weiteren Verlauf wird exemplarisch die türkische Sprache verwendet.)

- In der **E-Mail** bittet die Tante darum, einen Freund für zwei Nächte im Haus aufzunehmen.
- Da dieser Freund jedoch kein Englisch spricht, soll ein **Antwortschreiben** direkt an ihn in türkischer Sprache verfasst werden (→ Begleitmaterial 1). Jede Gruppe überträgt die Situation direkt auf die Sprache, die von Kindern in der Gruppe gesprochen wird. Alternativ kann der Text auch auf Englisch verfasst werden. Dies ist inhaltlich in der E-Mail so angelegt (die Tante fungiert in dem Fall als Übersetzerin). Gemeinsam werden Punkte erarbeitet, die in der Antwortmail enthalten sein sollten: Anrede und Verabschiedungsformel, mitteilen, dass man sich auf den Besuch freut, evtl. Frage(n) stellen.
- Damit ist der situative Rahmen für die nun folgende mündliche Aktivität gesetzt, nämlich das **Eintreffen des Besuchers und das Herumführen im Haus**. Hierfür präsentiert die Lehrkraft mit ‚eingeweihten' Kindern einen **Beispieldialog** (→ Begleitmaterial 2). Dabei wird mit den *figurines*, an denen ein Holzstab befestigt ist (siehe Abbildung 7), agiert. Die Lehrkraft bringt die neue Figur des Besuchers mit.
- Anschließend folgt die **sprachliche Vorbereitung des Besuchs** in den Gruppen. Relevante Wortschatzthemen sind hier *rooms in the house, furniture* sowie *phrases* zur Begrüßung und zum Vorstellen. Wortschatz zum Thema *around the house* wurde bereits vorbereitet. Darüber hinaus benötigte Sätze und Wörter müssen zusätzlich von den Schülerinnen und Schülern, die die entsprechenden Sprachen sprechen, erarbeitet werden (→ Begleitmaterial 3)
- Mögliche **Szenarien für den Dialog** könnten sein:
    - verschiedene Personen sprechen unterschiedlich viel Englisch und Türkisch
    - eine Person spricht englische Sätze, eine andere wiederholt die Sätze oder auch nur einzelne Wörter auf Türkisch

So können die mehrsprachigen Kompetenzen innerhalb der Gruppe zum Zuge kommen. Auf diese Weise würden Aspekte der Sprachmittlung in die Aufgabe integriert werden. Gleichzeitig können monolinguale Kinder sich im Gebrauch einer für sie neuen Sprache ausprobieren und so die Sprache(n) ihrer Mitschülerinnen und Mitschüler ein wenig kennen lernen.

Bevor die Gruppen eigene Ideen in einem ähnlich aufgebauten Dialog umsetzen, werden folgende **Arbeitsschritte** festgelegt (→ Begleitmaterial 4):

1. Rollen innerhalb der Gruppe verteilen (*Who is going to play the visitor? How much Turkish do the different family members speak? Who takes over which part*?)
2. Sich mit der Checkliste vertraut machen, um beim Verfassen des Dialogs alle Aspekte zu berücksichtigen.
3. *Phrase bank* ausfüllen (ggf. arbeitsteilig und mithilfe von *online dictionaries*).
4. Dialog verfassen
5. Dialog mit Checkliste überarbeiten (s. u. und → Begleitmaterial 4).
6. Dialog von der Lehrkraft korrigieren lassen
7. Dialog einüben
8. Dialog vorspielen (bzw. Video aufnehmen)

Mit folgender Checkliste werden die verfassten Dialoge überarbeitet:

	✓
Structure	
Everyone in the group says at least three sentences (in any language).	
Content	
Everyone greets.	
Everyone says his or her name.	
We show the guest three different rooms (minimum).	
Our dialogue has got a good ending (for example: Tell the guest that there will be dinner soon.)	
Language	
We checked the spelling.	
We checked the sentence structure.	

Reflexion

Um die Aktivität abzurunden und die Wertschätzung für die sprachlichen Ressourcen der Lernenden zu unterstreichen (siehe Einleitung), sollen die Gruppen jeweils zwei Wörter oder kurze Sätze in einer anderen Sprache aussuchen, die sie der Klasse beibringen möchten. Auswahlkriterien sollten hierbei sein, dass diese im Alltag anwendbar (z. B. Begrüßung und Verabschiedung) und nicht zu kompliziert zu lernen sind.

Anregungen zur Unterrichtsforschung

- Mit welchen Schwierigkeiten waren die Lernenden konfrontiert, ihre Herkunftssprachen mündlich und insbesondere auch schriftlich zu verwenden? Welche Unterstützung hätten sie ggf. benötigt?
- Wie ist es in den Gruppen gelungen, Lernende mit einem monolingual deutschen Hintergrund in den Dialog einzubinden?

Group name: ____________ **An email from your aunt** Date: ____________

1. Think of a language someone in your group speaks. Write an answer in that language or in English.

- Say *hi, hello* (greeting)
- Say that he / she is welcome at your house.
- Ask when he / she is coming.
- Ask another question.
- Sign off. (*Best wishes, Kind regards*)

From:			
To:			
Subject:			
Send		Attach	

A visitor from Turkey

Hosts:

Eda (speaks English and Turkish)

Simon (husband, only speaks English)

Max (son, speaks English and a bit of Turkish)

Guest: Ali (only speaks Turkish)

Eda: Merhaba! Londra'ya hoşgeldin.

(Hello and welcome to London!)

Ali: Merhaba! (Hello!)

Eda: İçeri gir lütfen! (Come in please!)

Ali: Teşekkürler. (Thank you.)

Eda: Benim adım Eda. Tanıştığımıza memnun oldum. (My name is Eda. Pleased to meet you.)

Ali: Benim adım da Ali. Ben de memnun oldum. (I'm Ali. Pleased to meet you too.)

Eda: (*turns to Simon*) Benim eşim Simon. (This is Simon, my husband.)

Simon: Hello Ali. Pleased to meet you!

Eda: *(turns to Max)* Bu da Max, bizim oğlumuz. (This is Max, our son.)

Max: Merhaba!

Eda: Max biraz Türkçe konuşabiliyor ama Simon maalesef konuşamıyor. (Max speaks a bit of Turkish, Simon unfortunately doesn't.)

Ali: Nasılsın Max? (How are you, Max?)

Max: İyiyim, teşekkürler. Sen nasılsın? (I'm fine, thank you. How are you?)

Ali: Ben de iyiyim. (I'm fine.)

Eda: Burası salon. Burada rahatça televizyon seyredebilirsin. (This is our living room. Here you can relax and watch TV.)

Ali: Harika! Koltuk çok güzel. Halıyı da çok beğendim. Bunu Türkiye'den mi aldın? (That's beautiful. What a nice sofa! I also like the carpet. Did you buy it in Turkey?)

Eda: Evet! (Yes!)

Max: In the cupboard there are biscuits and there is chocolate. Bisküvi ve çıkolata.

Ali: Çıkolatayı severim.

Max: *(turns to his father)* He loves chocolate!

Simon: Here is the fridge, there is fruit and there is cold water. Eda, please tell him he is welcome to help himself to everything.

Eda: Bu da buzdolabı. İçinde meyve ve soğuk su var. İstediğini alabilirsin.

Eda: Haydi, yukarı gidelim. (Let's go upstairs.) Burası banyo. Burada duş ve tuvalet var. Aşağıda da tuvalet var. (This is our bathroom. Here is the shower and the toilet. We also have a toilet downstairs.)

Ali: Tamam, teşekkürler. (Ok. Thank you.)

Simon: This is your room!

Eda: Evet. Burası senin odan ve senin yatağın. Bir masa, bir sandalye ve bir de kitaplık var. Umarım hoşuna gider. Umarım beğenirsin. (Yes, this is your room. Here is your bed. There is also a desk with a chair and a bookcase. I hope you like it.)

Ali: Ah gerçekten harika. Çok sevdim. (Oh, how lovely. I like it a lot.) İstanbul'daki Galata Köprüsü'nün ne muhteşem bir resmi. (What a nice picture of Galata Bridge in Istanbul!)

Eda: Şimdi burada bavulunu boşaltıp, dinlenebilirsin. Akşam yemeği yarım saate hazır olur, tamam mı? Görüşürüz. (Now you can relax here and unpack your suitcase. Dinner will be ready in half an hour, ok?)

Ali: Çok teşekkür ederim. (Thank you so much.) Görüşmek üzere. (See you later.)

Group name: ___________ **A visitor from...** Date: ____________

Phrase bank

Translate the sentences into a language of your choice:

English	**Language:**
Phrases for the host(s)	
Welcome!	
Come in!	
Nice to see you!	
This is …, my husband / wife / daughter / son.	
Pleased to meet you!	
Here you are.	
Let me show you our house. Here is our … (*living room with a sofa and a table).*	
Phrases for the guest(s)	
Thank you.	
Pleased to meet you too!	
This looks cozy!	
Oh, that's beautiful.	
What a nice room!	
Lovely!	
Evtl. etwas, das an das Heimatland erinnert: What a nice picture of … in …! Did you buy the … *(carpet)* in …? Is the … (*teapot)* from …?	

Jahrgangsstufe: 5/6

Begleitmaterialien:

1. Arbeitsblatt '*A typical Friday evening*'
2. Arbeitsblatt '*Create your own comic*'
3. Arbeitsblatt '*Gallery walk sheet*'

*'I like cooking my family'**: Mehrsprachige Grammatikarbeit

Christian Ludwig

Warm-up:

- Wie drücken Sie persönlich im Deutschen aus, dass Sie gerade dabei sind, etwas zu tun?
- Welche Erfahrungen haben Sie mit der Einführung des *present progressive* gemacht?
- An welche Schwierigkeiten seitens der Lernenden erinnern Sie sich?

Einleitung

Grammatikunterricht wird von Lernenden oft als uninteressant und trocken empfunden. Jedoch erfüllt Grammatik zahlreiche Funktionen in der Alltagskommunikation. Sie hilft uns, Aussagen zu treffen oder Fragen zu stellen, aber auch, deutlich zu machen, dass etwas in der Vergangenheit, Gegenwart oder Zukunft passiert. Des Weiteren kann Grammatikarbeit gerade hinsichtlich verschiedener Sprachmischungen (z. B. Kiezdeutsch oder Denglisch) sowie des durch soziale Medien beschleunigten Sprachwandels und der zunehmenden Verwendung von Chat-Sprache (Emojis, Akronyme, Abkürzungen durch Zahlen und Buchstaben) auch in der gesprochenen Sprache für jugendliche Lernende alltagsnah und spannend sein.

Im Fremdsprachenunterricht ist Grammatik Lerngegenstand und Werkzeug zugleich (vgl. Topalovic & Michalak, 2012). So bietet der Englischunterricht zahlreiche Möglichkeiten, nicht nur sprachsystematisch, sondern auch sprachreflexiv zu arbeiten. Sprachsystematische Arbeit bedeutet, Lernende dabei zu unterstützen, ihr grammatikalisches Regelwerk in der Fremdsprache kontinuierlich zu erweitern und zu festigen, während sprachreflexive Arbeit Räume schafft, das eigene Grammatikwissen zu reflektieren und über unterschiedliche und gemeinsame Regeln in verschiedenen Sprachen nachzudenken. Dieser Beitrag führt in die mehrsprachige Grammatikarbeit ein und zeigt beispielhaft Wege auf, Lernende dazu anzuregen, sich unterschiedlicher Sprachstrukturen bewusst zu werden und ihren eigenen Grammatikgebrauch zu reflektieren.

Mehrsprachige Grammatikarbeit im Englischunterricht

Die Vermittlung von Grammatik hat sich wie viele andere Bereiche des Englischunterrichts in den letzten Jahren grundlegend gewandelt. So steht nicht mehr das Wissen um die Regeln selbst, sondern die Steigerung der Kommunikationsfähigkeit der Lernenden im Vordergrund. Anders als z. B. der Deutschunterricht zielt der Englischunterricht nicht darauf ab, das implizit vorhandene Grammatikwissen der Lernenden explizit zu machen, sondern das explizite, metasprachliche Wissen der Lernenden in der Fremdsprache zu fördern und sie an eine natürliche Anwendung der Regeln heranzuführen. Besonders kritisch wird oft die ‚künstliche Progression' grammatikalischer Themen, z. B. in Lehrwerken, gesehen, welche den individuellen Lernprozess und -fortschritt der Lernenden weitestgehend unbeachtet lässt.

In der deutschen Sprache finden sich immer zahlreichere Beispiele für den Einfluss des Englischen. Dabei fällt nicht nur die Verwendung englischer Lehn- und Fremdwörter wie *leasing*, *chillen* oder *recyclen,* sondern auch die Übernahme ganzer Strukturen wie z. B. Genitivschreibungen mit Apostroph auf. Gerade in den unteren Klassenstufen finden sich viele grundlegende Grammatikthemen, wie beispielsweise *definite / indefinite article, plural forms of nouns, simple present / present progressive*, die sich nicht nur für eine Thematisierung des Einflusses des Englischen auf das Deutsche, sondern auch für die Einbeziehung anderer Lernenden-(Sprachen) eignen. So kann die aktive Nutzung des (expliziten / impliziten) grammatikalischen Vorwissens der Lernenden in unterschiedlichen Sprachen Grammatikunterricht gerade in mehrsprachigen Unterrichtssettings nicht nur weniger abstrakt machen, sondern auch die (plurilinguale) Kommunikationsfähigkeit der Lernenden erhöhen und ihre Sprachreflexionskompetenz sowie ihr Sprachbewusstsein fördern. Des Weiteren kann eine sprachübergreifende induktive Grammatikvermittlung zu einer stärkeren Lernendenorientierung sowie -autonomie beitragen.

Beispiele für mehrsprachige Grammatikvermittlung am Beispiel des *present progressive*

Zeit und Aspekt stellen wichtige Bausteine der Grammatik des Englischen dar. Während das *simple present* für Gewohnheiten und regelmäßige Handlungen, Zustände von längerer Dauer sowie aufeinanderfolgende Handlungen verwendet wird, weist die Verlaufsform (*present progressive*) darauf hin, dass eine Handlung in der Gegenwart gerade im Gange und noch nicht abgeschlossen ist:

> *He is playing football in the park at the moment.*

Im Deutschen gibt es unterschiedliche Möglichkeiten des Ausdrucks der Progressivität, die durch lexikalische Progressivmarkierungen wie ‚gerade' oder ‚im Moment' ergänzt werden können:

> Ich bin (gerade) dabei, Fußball zu spielen. (Form von sein + dabei + zu-Infinitiv)
>
> Ich bin am Fußballspielen. (Form von sein + am + substantivierter Infinitiv)
>
> Ich bin beim Fußballspielen. (Form von sein + beim + substantivierter Infinitiv)

Jedoch zeigt sich eine starke Grammatikalisierungstendenz in der Standardsprache hin zum bereits in der Umgangssprache und vor allem in westdeutschen Dialekten sowie in der Schweiz verwendeten am-Progressiv oder ähnlichen Konstruktionen, der jedoch nicht mit allen Verben möglich ist (vgl. Flick & Szczepaniak, 2017):

> Er ist gerade am Arbeiten.
>
> # Sie ist am Hoffen.

Neben dem Englischen (*to be* und *ing*-Form des Vollverbs) verfügen fast alle Sprachen, wenn auch in unterschiedlicher Ausprägung, über standardsprachlich akzeptierte Muster zum Ausdruck der Progressivität wie Tabelle 2 am Beispiel des einfachen Aussagesatzes *Ich bin am Arbeiten* zeigt. Dabei nutzt z. B. das Spanische, wie das Englische, die flektierte Form von sein (*estar*, *to be*) sowie die morphologische Markierung *-ando* (*-ing* im Englischen) während z. B. das Russische eine rein morphologische Markierung nutzt.

Im Rahmen der beispielhaften Stundensequenz, angelehnt an die Loci-Methode (Summer, 2018), setzen sich die Lernenden mit der Progressivform im Englischen auseinander und vergleichen diese mit Verlaufs-Konstruktionen anderer Sprachen (siehe Tabelle 2). Somit knüpfen sie nicht nur an bereits vorhandenem Sprachwissen an, sondern werden auch dazu angeregt, sprachvernetzt zu lernen und zu denken. Je nach Lerngruppe, Leistungsstand und Sprachmischung kann die Sequenz adaptiert werden.

Tabelle 2

Ausdruck der Progressivität in anderen Sprachen

Sprache	Beispiel	Sprache	Beispiel
Englisch	*I am working.*	Polnisch	*Ja pracuję.*
Spanisch	*Estoy trabajando.*	Italienisch	*Sto lavorando.*
Russisch	*Rabotajy.*	Niederländisch	*Ik ben aan het werk.*
Türkisch	*Şu anda çalışmaktayım.*	Arabisch	*Ennani aamal.*

Schritt 1: Reproduktion

Die Lernenden verwenden die *-ing*-Markierung zunächst passiv, indem sie zuerst die Comicsequenz (➔ Begleitmaterial 1) in Partnerarbeit nachsprechen oder spielen und so unbewusst die neue Form verinnerlichen. Der Vorteil der Nutzung von Situationsbildern, z. B. in Form eines Cartoons oder Comics, oder auch eines szenischen Einstiegs, liegt vor allem darin, dass Lernenden unterschiedliche Input-Formen, z. B. visuell, tonal, episodisch, geboten werden (Kieweg, 2012).

Schritt 2: Bewusstmachung

Nun werden die Lernenden als Sprachdetektive und Sprachdetektivinnen tätig, indem sie, alleine bzw. in Partner- oder Kleingruppenarbeit, überlegen, welche neue Konstruktion im Comic genutzt wird. Als differenzierende Aufgabe kann die Frage nach der Bildung hinzugefügt werden. In der Zwischenzeit klebt die Lehrkraft die im Comic gezeigten Sätze mit bunten Karten an die Tafel, wobei jede Farbe einen Satzteil repräsentiert (rot = Subjekt, blau = Prädikat, hellblau = Hilfsverb, grün = adverbiale Bestimmung der Zeit, gelb = Objekt). Die Antworten der Lernenden werden im Plenum gesammelt. Durch Fragen zu den gezeigten Sprechanlässen können die Lernenden bei der Beschreibung des Bildes unterstützt und dahingeführt werden, zu erkennen, dass die Konstruktion aus der konjugierten Form von *to be* + Verb im Inf. + *-ing* u. a. die Funktion erfüllt, ausdrücken zu können, was man gerade macht. Als Zwischenschritt bietet sich, je nach Lerngruppe, an dieser Stelle eine weitere Einübung der Form im Rahmen geschlossener Aufgabenformate an.

Schritt 3: Bezüge zu anderen Sprachen herstellen

Nun bittet die Lehrkraft die Lernenden, darüber nachzudenken, wie das *present progressive* in anderen Sprachen, die sie kennen, gebildet wird. Je nach Häufigkeit der Sprachen in der Lerngruppe können Lernende auch in sprachhomogene Kleingruppen eingeteilt werden. Ausgehend vom Dialog formulieren sie die Sätze in anderen ihnen bekannten Sprachen und überlegen, welche Unterschiede bzw. Gemeinsamkeiten es mit dem Englischen gibt (als Hilfestellung können bunte Karten wie in Schritt 2 genutzt werden). Die Ergebnisse werden im Plenum gesammelt und Unterschiede und Gemeinsamkeiten zwischen dem Englischen und dem Deutschen sowie anderen Sprachen herausgearbeitet und besprochen.

Schritt 4: Visualisierung

Die Lernenden schreiben ausgehend vom Beispiel einen eigenen Comic-Dialog, den sie auch entsprechend bebildern können (➔ Begleitmaterial 2). Der Dialog sollte sowohl auf Englisch als auch in einer weiteren Sprache verfasst sein. Zur Differenzierung kann der Comic auch in mehr als zwei Sprachen verfasst werden.

Schritt 5: Vorstellung

Die mehrsprachigen Comicsequenzen werden in der Lerngruppe in Form eines *gallery walks* vorgestellt. Mithilfe von Punkten können die Lernenden den besten Comic wählen.

Anregungen zur Unterrichtsforschung

- Welche Hilfestellungen kann man den Lernenden bieten, um Bezüge zu anderen Sprachen herzustellen?
- Welche Schwierigkeiten hatten die Lernenden bei der Erstellung multimodaler Texte?

Name: _______________ **A typical Friday evening** Date: ____________

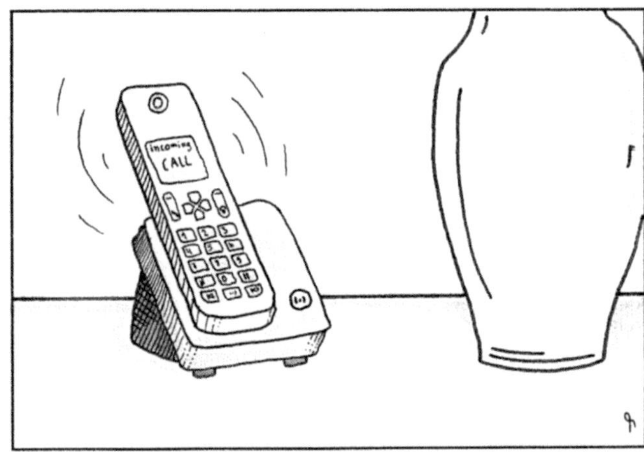

Mother: The phone is ringing. Can you answer it, please?

Jane: No, I can't. I am watching TV.

Mother: Tim, what about you?

Tim: I am watching videos on TikTok.

Mother: And I am doing the dishes!

Name: ________________ **Create your own comic** Date: ____________

Task: Write your own comic dialogue about something that happened to you, using the present progressive.
Please add other languages to your comic strip, for example, by translating the English sentences or creating a character that doesn't speak English.

Name: ______________ **Gallery walk sheet** Date: ____________

	Comic	Comic	Comic ....
Describe what you see.			
List something you like.			
List something you would like to share.			
List something you would like to ask the comic artist.			
List something that surprised you.			
Award up to two points for each of the following categories (fully present, partly present, not present).			
Use of present progressive?			
Use of languages other than English?			
Use of comic-typical elements*			
Do text and image interact and fit?			
Story: Can you identify characters, a setting and a plot?			
Total number of points			

*Like speech bubbles, thought balloons, captions, sound effects ('boom' / 'bang' / 'pow')

Jahrgangsstufe: 5/6

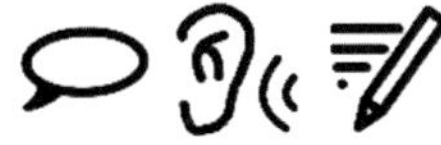

Begleitmaterialien:

1. Arbeitsblatt '*A Dentist to the Rescue*'
2. Text '*A Dentist to the Rescue word list*' & Abbildungen '*sound cue cards*'
3. Video '*word list in gestures*' (→ Homepage Brigg Verlag)
4. PowerPoint Präsentation '*A Dentist to the Rescue*' (→ Homepage Brigg Verlag)

Learning a play through gestures: A Dentist to the Rescue

Natasha Janzen Ulbricht & Beatrice Spindler

Warm-up:
- Welche Vorteile bietet der Einsatz von Gesten im Englischunterricht?
- Wie lassen sich Gesten zur Förderung von Mehrsprachigkeit nutzen?

Einleitung

Geschichten und Theater fördern nicht nur Neugier und Motivation, sie begünstigen auch das langfristige Lernen und sind somit lohnende Bestandteile von Fremdsprachenunterricht (Bryant & Rummel, 2015). Allerdings kann gerade das Auswendiglernen von Theatertexten entmutigend sein. Durch den Einsatz kodifizierter Gesten, also von Handbewegungen mit den immer gleichen Bedeutungen, können Lehrkräfte Bewegung in ihren Unterricht bringen und dabei den Lernprozess ihrer Lernenden unterstützen.

Darüber hinaus verbessert der Gebrauch von Gesten die Erinnerungsleistung und kann die Lerneffizienz steigern (Janzen Ulbricht, 2020). Und schließlich eignen sich kodifizierte Gesten auch als Brücke zwischen den unterschiedlichen Sprachen, die die Lernenden mit- und einbringen.

Das Theaterprojekt *A Dentist to the Rescue* basiert auf dem BBC-Nachrichtenclip *The Dentist Who Helped a Koala to Walk* von Isabelle Rodd (2021). Es geht darin um einen Koala mit dem Spitznamen Triumph, dem seit der Geburt ein Fuß fehlt. Das Projekt lädt dazu ein, in der Lerngruppe vorhandene Sprachen im Englischunterricht zu nutzen. Es ist für drei Unterrichtsblöcke à 90 Minuten konzipiert und schließt zwei Hausaufgaben mit ein.

Fertigkeiten und Lernziele

Am Ende dieses Projekts werden die Lernenden die Geschichte von Triumph gut genug kennen, um sie sowohl auf Englisch, als auch auf einer anderen Sprache erzählen zu können. Durch dieses Projekt werden Lernende:

- Vokabeln zum Thema *Helping Animals* erlernen,
- Erfahrungen mit kodifizierten Gesten machen, die das Erlernen neuer Wörter unterstützen,
- andere Sprachen sichtbar machen und wertschätzen,
- Erfahrungen mit Klangteppichen sammeln,
- sich in verschiedene Rollen begeben und diese spielen lernen,
- an der Aufführung eines Theaterstücks mitarbeiten.

Vorschläge für die Unterrichtsplanung

Machen Sie sich im Zuge der Unterrichtsvorbereitung mit dem Skript (→ Begleitmaterial 4) und der Wortliste (→ Begleitmaterial 2) vertraut und nehmen Sie sich dann ein wenig Zeit, um das Gestenvideo (→ Begleitmaterial 3) anzuschauen und die Gesten zu üben. Im Unterricht ist es wichtig, dass die Lernenden erkennen können, dass verschiedene Wörter unterschiedliche Handbewegungen haben.

Homework I: What are the languages we know?

Die vorangestellte Hausaufgabe dient der in der Mehrsprachigkeitsdidaktik angestrebten Vernetzung von Sprachen (→ Begleitmaterial 1). In *Task A* werden die Lernenden mit wichtigen englischen Begriffen aus dem Theaterstück konfrontiert, ohne die Geschichte selbst schon zu kennen. Die Lernenden sollen die Bedeutung der Begriffe im Deutschen und in weiteren Sprachen online oder mithilfe von Familienmitgliedern oder anderen Bezugspersonen recherchieren.

Get started: Share the languages we know

Als Einstieg in den ersten Unterrichtsblock teilen die Lernenden das Ergebnis ihrer Hausaufgaben in Gruppen (→ Begleitmaterial 1, *Task B*). Unterschiedliche Ergebnisse können die Neugier und Sensibilität der Lernenden wecken und dazu anregen, sich mit den unterschiedlichen Sprachen zu beschäftigen. Für den Begriff *rescue koala* etwa gibt es im Deutschen keine exakte Entsprechung. Um die Sprachen der Lerngruppe sicht- und erfahrbar zu machen, einigt sich jede Teilgruppe auf zwei Lieblingswörter, die anschließend im Plenum vorgestellt und begründet werden. Danach tauschen sich die Lernenden darüber aus, worum es ihrer Meinung nach in der Geschichte geht.

Understanding the story

Bevor die Schülerinnen und Schüler anfangen, Wörter und Gesten zu lernen, ist es wichtig, dass sie den Kontext der Geschichte verstehen. Die Geschichte kann z. B. in zwei Sätzen erzählt werden:

Triumph the koala was born missing a foot. His keeper, Marley, asks her dentist, Jon, for help and Jon makes Triumph a new foot.

Hier ist es wichtig, herauszufinden, was die Kinder verstanden haben und für wesentlich halten, etwa durch Fragen wie die folgenden: *What is at the beginning? (Triumph only has three feet.) Who is the hero? (Marley) Where is the turning point? (When Marley is at the dentist.)*

Inventing gestures

Sieben Ausdrücke (→ Begleitmaterial 2 & 4) sind mit einem Sternchen versehen, was bedeutet, dass diesen Begriffen keine Geste zugeordnet ist und die Kinder kreativ werden können. Es ist hilfreich, wenn Wörter wie *ankle*, *foot* und *boot* semantisch verwandte Bewegungen haben.

> ***Words with gestures yet to be invented***: Der Einfachheit halber ist es möglich, die Lernenden in Gruppen einzuteilen und jeder Gruppe einen Begriff zuzuweisen. Jede Gruppe sollte zügig Bewegungen ausprobieren, sich auf eine Geste einigen und diese üben. Anschließend werden Wörter und Gesten vorgestellt. Begriffe können auch in anderen Sprachen vorgestellt werden. Das Muster Englisch, andere Sprache, Englisch ist sinnvoll, damit alle Zeit haben, sich die neue Bewegung gut einzuprägen.

Learning words and gestures

Die Phasen des Wort-Gesten-Lernens erfordern Konzentration und sollten nicht länger als 10-12 Minuten dauern. Während Sie den Text langsam vorlesen, geben Sie zu jedem Wort das Handzeichen vor, sodass die Lernenden Wörter und Gesten als Paar erlernen. Sobald die Lernenden mit dem Text vertraut sind, können sie die Geschichte nur mit Gesten erzählen, wobei die Lernenden gemeinsam mitsprechen, wenn sie eine Gebärde erkennen.

Es ist sinnvoll, das Theaterstück in Abschnitten zu üben. So lassen sich etwa die Begriffe aus Sektion 1 (➔ Begleitmaterial 4) nach Substantiven (*dentist*, *koala*, *foot*) und Verben (*help*, *walk*, *climb*) und dann nach Substantivphrasen (*a dentist*, *a prosthetic foot usw.*) gruppieren. Sobald alle Gesten für die Wörter eines Abschnitts erlernt wurden, kann der Text in der richtigen Wortfolge durchgegangen werden. Geräusche kommen später hinzu.

Reading in character groups

Wenn die Lernenden mit Gesten und Text vertraut sind, können sie das Sprechen in Charaktergruppen üben. Hierzu werden die Lernenden in vier Gruppen geteilt. Da Triumph, der Koala, keine Sprechrolle ist, braucht es für diese Figur keine Übung.

Homework II: Bringing in sound and props

Als Hausaufgabe überlegen sich die Lernenden, wie passende Geräusche, u. a. Zahnarztgeräusche, mit Gegenständen, dem eigenen Körper oder der Stimme erzeugt werden können. Als Requisiten und Kostüme werden einfache Gegenstände vorgeschlagen, z. B. eine Haarbürste als Mikrofon für die Reporterfigur.

Bringing in writing

Alle eckigen Klammern im Skript (➔ Begleitmaterial 4) enthalten Aufforderungen zum Schreiben, die dem Stück Zeilen hinzufügen können. So können die Lernenden sich die Geschichte aneignen, kreativ sein und sich besser in die Figuren hineindenken. Die Lerngruppe kann sich auf eine Textversion einigen oder aber gruppenweise unterschiedliche Versionen spielen.

Bringing in acting

Der nächste Schritt besteht darin, dass eine freiwillige Marley und ein freiwilliger Triumph usw. das Stück spielen, während die Charaktergruppen ihre Rollen sprechen. Fragen wie *How can we show the koala rescue station?* oder *Do other people also watch Triumph get his new boot? What do they say?* können helfen, die Geschichte lebendig werden zu lassen. Natürlich ist es auch erlaubt, kleine Nebengespräche in einer anderen Sprache zu improvisieren.

Combining acting, speaking and sound

Wenn alle Schülerinnen und Schüler den Text gelernt und geprobt haben, sind die Lernziele sogar schon vor der Aufführung erreicht. Lernende, die nicht gerne auf der Bühne stehen, können ein Team bilden, das mit Stimme, Körpereinsatz, Instrumenten oder Gegenständen die Klangteppiche erzeugt. (Die Lehrperson hält die vergrößerten *sound cue cards* (➔ Begleitmaterial 2) an den entsprechenden Stellen im Skript hoch, um den Einsatz zu steuern.)

Eine andere Möglichkeit ist es, jeden Abschnitt des Stücks von einer anderen Gruppe spielen zu lassen. Alle, die nicht auf der Bühne stehen, unterstützen durch die Geräuschkulisse.

Anregungen zur Unterrichtsforschung

- Wie ist es den Lernenden gelungen, *A Dentist to the Rescue* in unterschiedlichen Sprachen nachzuerzählen oder nochmal darzustellen?
- Welche Aspekte des Lernens durch Gesten waren besonders lohnenswert? Welche Gesten waren besonders hilfreich?

Name: ______________
Group no.: ___________

A Dentist to the Rescue

Date: ___________

The members in my group are:

Task A

1 Languages we know about:

With your group, discuss which languages you know something about.

Are these languages spoken in your family? Are these languages you can find on the internet?

2 Words from the play:

For homework choose seven words from the chart below. Translate them into German and into two more languages you know. In your group, agree on two languages to fill out the chart.

English			German
koala			
rescue koala			
animal keeper			
prosthetic foot			
help			
dentist			
dentures			
problem			
there's nothing to lose			

Task B

1 Share your homework (Task A) and compare your findings.

2 Group Reflection Questions

- What are the two favourite words you as a group learned? What do you like about them?
- As a group, discuss what you think the story is about. Can you think of a good title?

A Dentist to the Rescue word list

a
almost
an
and
ankle *
as
ask / asked
at
away
before
bend
better
bit
bone
boot *
born
but
can
climb
could / couldn't
cry
dentist
denture
do / don't
did / didn't
everything
foot *
for
give
have / has / had
he
help
her
here
his
I
idea
important
improve
interesting
is
it
Jon
jump
keeper
koala *
leg
life
like
little
look
loved
make / made
Marley
material
moment
my
name
new
no
not
of
on
one
or
out
over
problem
prosthetic *
rescue
right
right away
rules
run
said
see
she
slip
slow
so
stand / standing
story
strap
suppose
talk / talked
that
the
then
there's nothing to lose*
this
think / thought
to
tried
Triumph *
until
up
use
very
walk / walking / walked
want / wanted
was
what
when
who
why
with
without
you

Mit Sternchen markierte Begriffe werden im ersten Unterrichtsblock Gesten zugeordnet, diese Begriffe werden im Video nur gesprochen (➜ Begleitmaterial 3).

Sound cue cards

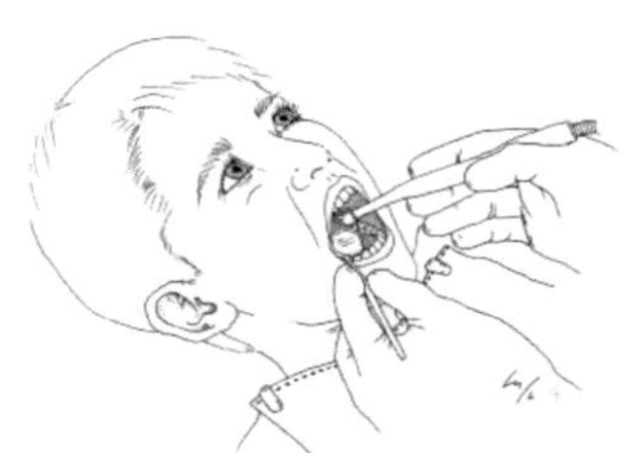

Jahrgangsstufe: 7/8

Begleitmaterialien:

1. PowerPoint Präsentation '*Cooking & baking tutorials*' (→ Homepage Brigg Verlag)
2. Arbeitsblatt '*Planning our tutorial*'
3. Arbeitsblatt '*Our storyboard*'
4. Arbeitsblatt '*Tutorial viewing sheet*'

Erklärvideos im mehrsprachigkeitssensiblen Englischunterricht am Beispiel von Koch- und Backtutorials

Christian Ludwig & Paul Scheffler

Warm-up:
- Welche Vorteile bietet der Einsatz von Erklärvideos im Englischunterricht?
- Wie lassen sich Erklärvideos zur Förderung von Mehrsprachigkeit nutzen?

Einleitung

Smartphones und Co gewinnen im Englischunterricht kontinuierlich an Bedeutung (Bündgens-Kosten & Schildhauer, 2021; Lütge & Merse, 2021). So werden auch audio-visuelle Medien im Alltag immer wichtiger, zumal das Internet über soziale Plattformen wie YouTube, TikTok oder Instagram Wege eröffnet, Informationen durch zumeist kurze Videoclips zu erhalten bzw. mit anderen zu teilen. Somit ergeben sich aus der Integration audio-visueller Materialien in den Englischunterricht zahlreiche Möglichkeiten, an die Lebenswirklichkeit der Lernenden anzuknüpfen und zugleich (fächerübergreifende) Kompetenzen zu fördern, die für den Erwerb des Englischen relevant sind. Ziel dieses Beitrages ist es, am Beispiel lernendengenerierter Koch- und Backtutorials aufzuzeigen, wie sich mehrsprachige Bild-Ton-Medien sinnvoll in den Unterricht integrieren lassen.

Mehrsprachige audio-visuelle Medien im Englischunterricht

Audio-visuelle Kompetenz (auch *film* oder *screening literacy*) ist inzwischen eine etablierte Kompetenz im Englischunterricht, welche die Fähigkeit beschreibt, *to read and write the screen*, also nicht nur Filme (medien-)kritisch auszuwählen und zu schauen, sondern auch selbst herzustellen.

Screening literacy: "The level of understanding of a film, the ability to be conscious and curious in the choice of films; the competence to critically watch a film and to analyse its content, cinematography and technical aspects; and the ability to manipulate its language and technical resources in creative moving image production" (British Film Institute, 2013).

Die Zahl und Sichtbarkeit polyglotter Filme (auch *transnational* oder *global films*) nimmt, wie berühmte Beispiele wie Quentin Tarantinos *Inglourious Basterds* (2009) zeigen, stetig zu (Badstübner-Kizik, 2015; Blell, 2020). Durch ihren plurilingualen Charakter stellen sie nicht nur sprachlich diverse Lebenswelten dar, zeigen die oft engen Grenzen von Einsprachigkeit auf und thematisieren sprachideologische Auseinandersetzungen, sondern bieten auch Möglichkeiten, Aspekte kultureller Hybridität zu ergründen. Damit besitzen sie das didaktische Potenzial, Brücken in den Fremdsprachenunterricht Englisch zu schlagen, die es ermöglichen, die Sprachbewusstheit der Lernenden zu fördern und ihre mehrsprachige Diskurskompetenz zu steigern. Basierend auf Bleichenbacher (2008) und Gramling (2016) unterscheidet Blell (2020) unterschiedliche Funktionen von *multilingualism on screen*. So dient die Einbeziehung unterschiedlicher Sprachen z. B. dazu, ‚fremde' Orte authentischer erscheinen zu lassen oder unterschiedliche Sprachidentitäten darzustellen. Neben mehrsprachigen *feature films* oder *TV shows* bieten sich lebensweltnahe Erklärvideo-Formate wie *Explainity-Clips*, *How-To-Videos* oder *Tutorials* aufgrund ihrer Themen und Kürze für den Englischunterricht an.

Tutorials: Schriftliche oder filmische Anleitungen, die Vorgänge, z. B. Schminken, Kochen oder handwerkliche Tätigkeiten, Schritt für Schritt erklären.

Mehrsprachige Koch- und Backtutorials

Essen und Ernährung sind gängige Themen im Englischunterricht, denn sie bieten nicht nur Möglichkeiten zum Vokabel- (*units*, *ingredients*) und Grammatikerwerb (*tense / aspect*, *imperatives*), sondern auch Sprech- bzw. Schreibanlässe (*writing a cookbook or restaurant review*) sowie Impulse zum interkulturellen Lernen (*afternoon tea*, *international recipes*).

Neben Kochshows (Brose, 2021) bieten Koch- und Backtutorials authentischen sprachlichen Input und können als Vorlage dienen, eigene *plurilingual cooking / baking tutorials* zu erstellen. Der Vorteil von Tutorials liegt darin, dass die Arbeitsschritte und Erklärungen einfach und verständlich sind und durch die Möglichkeit des Beobachtens der Handlungen sogar größere Verstehenslücken abgefedert werden. Nach Böttger und Müller (2016) folgt das Genre einer klaren Struktur, die Lernenden aus ihrer eigenen Lebenswelt bekannt sein sollte:

- *Introduction*
- *Naming the problem*
- *Explanation*
- *End of story*

Abgewandelt lässt sich diese Struktur auch in *cooking tutorials* finden (siehe Tabelle 3).

Tabelle 3

Struktur von Koch- und Backtutorials

Steps	**Description**
Step 1	Welcome the viewers, tell the audience who you are, introduce guests, getting viewers to subscribe to your channel...
Step 2	Tell the audience what you are planning to cook and what they need to prepare the dish themselves...
Step 3	Demonstrate step-by-step how to cook a certain dish, mixing practical information, tips and tricks, and personal stories / anecdotes...
Step 4	Plate and present the dish, taste the dish, say goodbye to your audience, offer a sneak preview of your next episode...

Im Rahmen des hier vorgeschlagenen *mini project* erstellen die Lernenden in Kleingruppen ein 3-minütiges mehrsprachiges *cooking / baking tutorial* für einen Social-Media-Kanal, in dem sie ein Gericht aus einem anderen Land bzw. einer anderen Region vorstellen. Dabei geht es nicht nur um den Inhalt, sondern vor allem auch darum, Mehrsprachigkeit explizit zu thematisieren und Lernende z. B. durch *moderating*, *dubbing*, *subtitling*, *visualising* oder *voice over* zur Einbindung anderer Sprachen, aber auch Dialekte oder Jugendsprache, zu animieren und damit ihr gesamtes sprachliches Repertoire in einer mehrsprachigen Kommunikationssituation bewusst zu nutzen (*savoir-faire*) (siehe Einleitung). Tabelle 4 zeigt, wie die bereitgestellten Materialien, teils kombiniert mit gängigen Unterrichtsmethoden, zur Durchführung einer mehrsprachigkeitssensiblen Unterrichtseinheit eingesetzt werden können. Je nach zeitlichem Aufwand beim Planen der Videos umfasst die Einheit drei Unterrichtsstunden à 45 Minuten. Die von der Lerngruppe erstellten Videos sind wertvolle Ressourcen, welche anschließend als *learner-generated materials* genutzt werden können, z. B. zur Vertiefung von Vokabular und Grammatik, für Transferaufgaben wie das Schreiben eines Reviews für einen Themen-Blog oder zum weiteren Kennenlernen anderer Lernendensprachen und -kulturen. Es ist wichtig, dass neben den Erstellungsprozessen auch Aspekte der Mehrsprachigkeit bei der Besprechung und Evaluation berücksichtigt werden (➜ Begleitmaterial 4).

Tabelle 4

Exemplarischer Ablaufplan der Unterrichtseinheit cooking / baking tutorials

Unterrichtsstd.	Phase	METHODEN / Vorgehen	Arbeitsform
1	Einführung / Impuls	• BLITZLICHTGEWITTER Ideensammlung zum Thema ‚Tutorials' (➜ Begleitmaterial 1 / Tafel)	Plenumsdiskussion
	Input: ‚Beispiel'	• Lehrkraft zeigt ein Beispiel eines *cooking / baking tutorial*	Einzelarbeit
		• THINK-PAIR-SHARE ‚Welche Elemente hat ein ansprechendes Erklärvideo?'	Partnerarbeit
2	Planung eines eigenen Videos	• Bearbeitung der ➜ Begleitmaterialien 2 & 3 durch Lernende	Gruppenarbeit
— Erstellung der *cooking / baking tutorials* außerhalb des Unterrichts —			
3	Vorstellung der Ergebnisse im Plenum / Diskussion	• AKTIVE REFLEXION ➜ Begleitmaterial 4 für ein Erklärvideo einer anderen Gruppe ausfüllen • DISKUSSION mit Lerngruppe	Plenum (Diskussion)

Anregungen zur Unterrichtsforschung

- Mit welchen Schwierigkeiten bei der Integration unterschiedlicher Sprachen waren die Lernenden konfrontiert? Welches *Scaffolding* könnte man in Zukunft anbieten?
- Wie kann man die Lernenden bei der Einbindung unterschiedlicher Sprachen in das Erklärvideo unterstützen?

Name: _______________

Group no.: ____________

Planning our tutorial

Date: ____________

Task:

With your group, plan and create your video. You can act out the scene a few times before filming, but don't worry if the video isn't perfect.

Group members and responsibilities:

With your group, decide who will take on which of the following roles/tasks.

There will be more than one person for each on-screen role or off-screen task.

Cook/baker: __________ Moderator: __________ Video editing: __________

Camera person: __________ Director: __________ Coordinator: __________

Props/special effects: __________ Presentation: __________

Scriptwriter/storyboard: __________

What do we want to cook/bake in our tutorial?

Where do we want to film our tutorial?

How do we want to begin/end our tutorial?

END

START

Which language(s) do we want to incorporate?

?

How do we want to include languages other than English?

HOLA HEI SALUT

Which ingredients do we need?

Which utensils do we need?

Which props do we need?

Which technical equipment do we need?

Name: _______________

Group no.: ____________

Our storyboard

Date: ____________

Sound: Introductory music (e.g. 'upbeat')

Time: 20 – 30 seconds

Notes: Host welcomes audience, introduces guest(s)

Sound:

Time:

Notes:

Sound:

Time:

Notes:

Sound:

Time:

Notes:

Sound:

Time:

Notes:

Sound:

Time:

Notes:

Name: _______________ **Tutorial viewing sheet** Date: ____________

Group no.: ____________

Title of the tutorial: ______________________________________

What happens in the tutorial?
Take notes. Don't write full sentences.

characters	**action**
appearance body language (face, gestures, movement…) use of language	setting / place plot (unanswered questions)
camera operations	**visuals**
music, sound effects	**other effects**

Take a few minutes to answer the following questions:

Which languages are used in the tutorial?

How are they used (visuals, music, spoken…)?

Which words in other languages did you recognise?

Jahrgangsstufe: 7/8

Begleitmaterialien:

1. PowerPoint Präsentation '*Planning a virtual trip*' (→ Homepage Brigg Verlag)
2. Arbeitsblatt '*Planning our trip*'
3. Arbeitsblatt '*Drawing in our route*'

Planning a virtual trip through multilingual Miami: Interaktive digitale Karten im mehrsprachigkeitssensiblen Englischunterricht

Ben Opitz

Warm-up:

- Welche Vorteile bietet der Einsatz von interaktiven digitalen Karten gegenüber gedruckten Karten im Englischunterricht?
- Wie können interaktive digitale Karten die Förderung von Mehrsprachigkeit im Englischunterricht unterstützen?

Einleitung

Digitale Medien durchdringen sämtliche Lebensbereiche und prägen vor allem alltägliche Kommunikations- und Informationsbeschaffungsprozesse innerhalb moderner Gesellschaften (Kultusministerkonferenz, 2016). Dadurch ergeben sich für den Fremdsprachenunterricht kontinuierlich neue Wege, Sprache, Text, Kultur und Kommunikationsmöglichkeiten zu vermitteln und den Unterricht für Mehrsprachigkeit zu öffnen (Bündgens-Kosten & Elsner, 2018; Lütge & Merse, 2021; Roche, 2019). Da Mehrsprachigkeit im digitalen Raum häufig von "sound and music, maps and diagrams, photographs and moving images" (Hallet, 2018, S. 6) begleitet wird, können auch diese Kommunikationsmodi als eigene Sprachformen verstanden werden. So werden interaktive digitale Karten in der alltäglichen Kommunikation von Lernenden oftmals bereits intuitiv verwendet, können aber auch im Fremdsprachenunterricht gezielt eingesetzt werden, wenn beispielsweise das Navigieren einer Karte für Wegbeschreibungen in der Fremdsprache herangezogen wird (Hallet, 2018). Im vorliegenden Beitrag soll daher beispielhaft aufgezeigt werden, wie interaktive digitale Karten erfolgreich in den mehrsprachigkeitssensiblen Englischunterricht integriert werden können, um dabei vor allem das Bewusstsein der Lernenden für sprachliche und kulturelle Diversität zu erhöhen sowie Strategien zu vermitteln, um Sprachkenntnisse auszubauen und das Erlernen weiterer Sprachen zu fördern, wie in der Einleitung zu diesem Band dargelegt.

Interaktive digitale Karten im Englischunterricht

Interaktive digitale Karten im Englischunterricht bieten folgende Vorteile:

- Sie sind in der Lebenswelt von Lernenden bereits omnipräsent und werden somit als sinnvoll empfunden.
- Sie schaffen Gelegenheiten für autonomes Lernen und ermöglichen Schülerinnen und Schülern somit nachzuvollziehen, wieso Lerngegenstände relevant und auch über die Grenzen des Klassenzimmers hinaus nützlich sein können (Dausend, 2020; Krishnapatria et al., 2019; Kweldju, 2018; Little, 2020).

- Sie ermöglichen es, den Kompetenzbereich „Suchen, Verarbeiten und Aufbewahren“ als zentralen Bestandteil digitaler Medienkompetenz bei Lernenden zu fördern (Kultusministerkonferenz, 2016, S. 10–11).
- Sie erlauben die Integration mehrsprachiger Medien in den Fremdsprachenunterricht, da das Sichten von sprachlichen Landschaften (siehe Einleitung) durch die Funktion Google Street View ermöglicht wird.
- Google Maps kann in mehreren Sprachen bedient werden und beinhaltet mehrsprachige Rezensionen sowie Übersetzungsfunktionen.

Die oben genannten Aspekte erlauben es Schülerinnen und Schülern, durch den Umgang mit interaktiven digitalen Karten gegenüber analogen Äquivalenten einen authentischen und aktuellen Einblick in Zielsprachenländer und entsprechende Gesellschaften zu erlangen, der die Vielfalt sprachlicher und kultureller Realitäten dieser Regionen berücksichtigt und somit die Teilkompetenz „savoir“ (siehe Einleitung, S. 9) fördert.

Diese Vorteile werden am Beispiel Miami im Folgenden näher ausgeführt. Zunächst koexistieren in Miami diverse Sprachen, wodurch deren Kenntnis als Voraussetzung für eine erfolgreiche Kommunikation mit allen Gesellschaftsmitgliedern angesehen werden kann (vgl. von Elbwart, 2021). Der besonders große und stetig steigende Anteil spanischsprechender Einwohnerinnen und Einwohner in Miami hat außerdem zur Folge, dass vielerorts fast ausschließlich Spanisch gesprochen wird. Dies hat zur Entstehung und Verwendung von neuen hybriden Sprachvarianten geführt, die sich vom ‚klassischen‘ amerikanischen Englisch unterscheiden (vgl. von Elbwart, 2021). Erfolgreiche Kommunikation innerhalb Miamis setzt also zum Teil die Kenntnis mehrerer Sprachen und Sprachvarianten voraus. Digitale interaktive Karten können daher einen guten Ausgangspunkt für den Kontakt mit den mehrsprachigen Realitäten der Sprachgemeinschaften Miamis darstellen.

Planning a virtual trip through multilingual Miami

Für den vorliegenden Unterrichtsimpuls sollen Lernende in Partnerarbeit Google Maps nutzen, um eine Tour durch Miami zu planen, wobei sie selbst entscheiden, in welchem zeitlichen Rahmen, welcher Reihenfolge und in welcher Form Sehenswürdigkeiten besucht werden. Dafür verschaffen sie sich einen Überblick über *multilingual Miami* (von Elbwart, 2021), erkunden Distanzen und Fortbewegungsmittel zwischen Sehenswürdigkeiten und stellen ihre Touren mit mehrsprachigen Elementen vor. Verwendet werden für die Planung, Durchführung und Präsentation sowohl Englisch als Fremdsprache, aber auch Elemente aus dem Spanischen, da diese Sprachen die Kommunikation innerhalb Miamis prägen.

Im ersten Teil der Unterrichtseinheit werden Lernende zu ihrem Vorwissen über die Stadt Miami befragt, wobei die Lehrkraft die Diskussion bereits auf mehrsprachige Aspekte lenkt, indem sprachliche Landschaften (durch Fotos oder kurze Videos) aus Miami gezeigt werden. Anschließend zeigt die Lehrkraft eine Karte von Miami mit fünf Sehenswürdigkeiten (*Pérez Art Museum, Little Havana, Calle Ocho Walk of Fame, Wynwood Walls Street Art, Brickell City Center*) und tauscht sich mit den Lernenden kurz über diese aus (→ Begleitmaterial 1).

In der Erarbeitungsphase werden Schülerinnen und Schüler in Partnerarbeit damit beauftragt, die Sehenswürdigkeiten mit Google Maps anzusehen und eine eigene Route zu planen, die alle Standpunkte miteinander verbindet (→ Begleitmaterial 2 & 3). Lernende können dabei innerhalb des Programms (Google Maps) die Sehenswürdigkeiten lokalisieren. Sie können darüber hinaus auch die Distanzen zwischen zwei Sehenswürdigkeiten erkunden, Transportmittel und Wege erforschen, sprachliche Landschaften sichten sowie Rezensionen zu ausgewählten Standorten in mehreren Sprachen lesen. Über ausgewählte Sehenswürdigkeiten in Google Maps können Lernende außerdem zu den entsprechenden Webseiten gelangen, um sich über Eintrittspreise, Öffnungszeiten und vieles mehr in verschiedenen Sprachen zu informieren. Außerdem sollen Schülerinnen und Schüler bei der Erkundung von Sehenswürdigkeiten und Orten in Miami ausgewählte spanische Begriffe zusammentragen, die es ihnen ermöglichen, sich gegebenenfalls auch auf Spanisch zu verständigen. Dabei können Lernende die in Google Maps integrierte Übersetzungsfunktion oder auch Übersetzungswebseiten unterstützend nutzen. Es könnten also beispielsweise Wörter oder einfache

Sätze gesammelt werden, mithilfe derer man sich an den entsprechenden Sehenswürdigkeiten einen Kaffee oder etwas zu Essen bestellen könnte. Auch andere Sprachen, die sich aus der Recherche der Lernenden ergeben, können an dieser Stelle mit eingearbeitet werden. Dabei können Schülerinnen und Schüler mit Vorkenntnissen in anderen romanischen Sprachen wie Italienisch oder Französisch dadurch profitieren, dass sie Vergleiche zwischen bekannten und unbekannten Sprachstrukturen ziehen, denen sie beispielsweise bei der Sichtung von mehrsprachigen Rezensionen und Webseiten sowie sprachlichen Landschaften begegnen. Diese Fähigkeit wird auch als Interkomprehension bezeichnet und kann das autonome Arbeiten mit fremden Sprachen im mehrsprachigkeitssensiblen Unterricht fördern, indem Lernende eigenständiger mit Arbeitsmaterialien umgehen (Fäcke & Meißner, 2019).

Abschließend werden Schülerinnen und Schüler gebeten, die erstellten Routen (➜ Begleitmaterial 3) und zusammengetragenen Informationen (➜ Begleitmaterial 2) zu präsentieren. Dabei können ausgewählte spanische Begriffe vorgestellt werden. Anstelle der gedruckten Karten (➜ Begleitmaterial 3) können alternativ digitale mobile Endgeräte der Lernenden verwendet werden. Um Differenzierung innerhalb der Gruppen zu ermöglichen, können unterschiedlich viele Sprachen und Sehenswürdigkeiten in die Touren eingebunden werden. Außerdem können Lernende auch weitere, nicht genannte Orte (Restaurants usw.) recherchieren und in die Routen integrieren. Letztlich können Schülerinnen und Schüler über spanische Begriffe hinaus zusätzliche Sprachelemente im Plenum vorstellen, die während der Erarbeitungsphase verwendet wurden.

Anregungen zur Unterrichtsforschung

- Welche Schwierigkeiten traten bei Lernenden im Umgang mit sprachlichen Landschaften auf?
- Welche der oben genannten *Scaffolding*-Angebote wurden im Rahmen der Unterrichtsreihe wahrgenommen? Wurden diese von Lernenden als hilfreich erachtet?

Name: _______________

Planning our trip

Date: ____________

Task

With your partner, plan a virtual trip through Miami using Google Maps!

1. Find out more about your locations by using Google Street View, looking at reviews and visiting websites of the sightseeing locations. The sightseeing options are: *Pérez Art Museum*, *Little Havana*, *Calle Ocho Walk of Fame*, *Wynwood Walls Street Art* and *Brickell City Center*.
2. Find a route that connects your locations in an order of your choice. Also think about public transport and walking distances.
3. Draw your route into the map (→ separate worksheet) and add information into the boxes below as shown in the example. Make sure to include all three aspects listed below!

Sightseeing spot 1

- Short description of this location (2-3 sentences)
- Which vocabulary is useful for communication at this location? (Find at least 2-3 useful vocabulary words and/or sentences)
- How do we get to our next location?

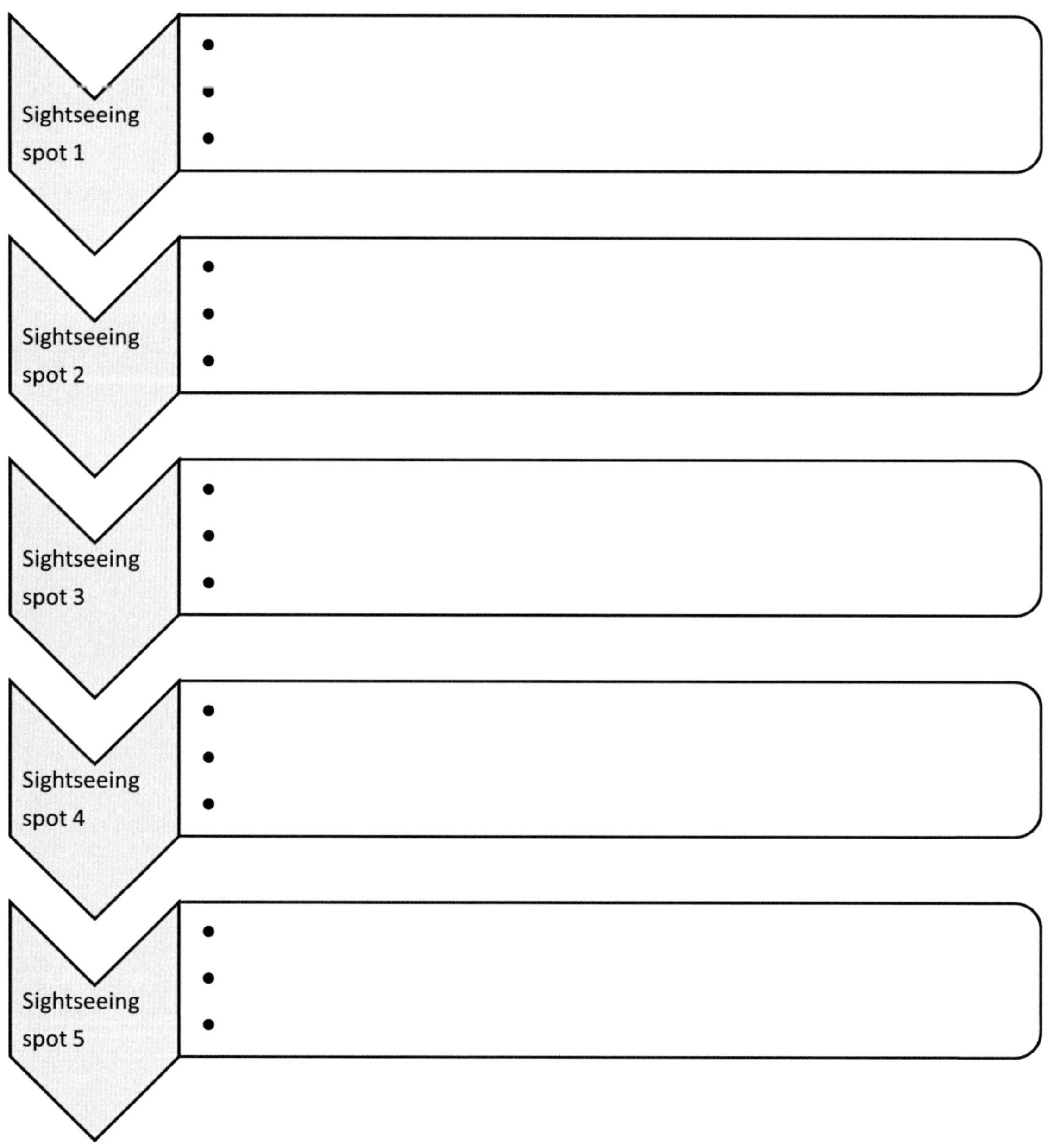

Name: _______________ **Drawing in our route** Date: ____________

Task: Draw your route into the map below.

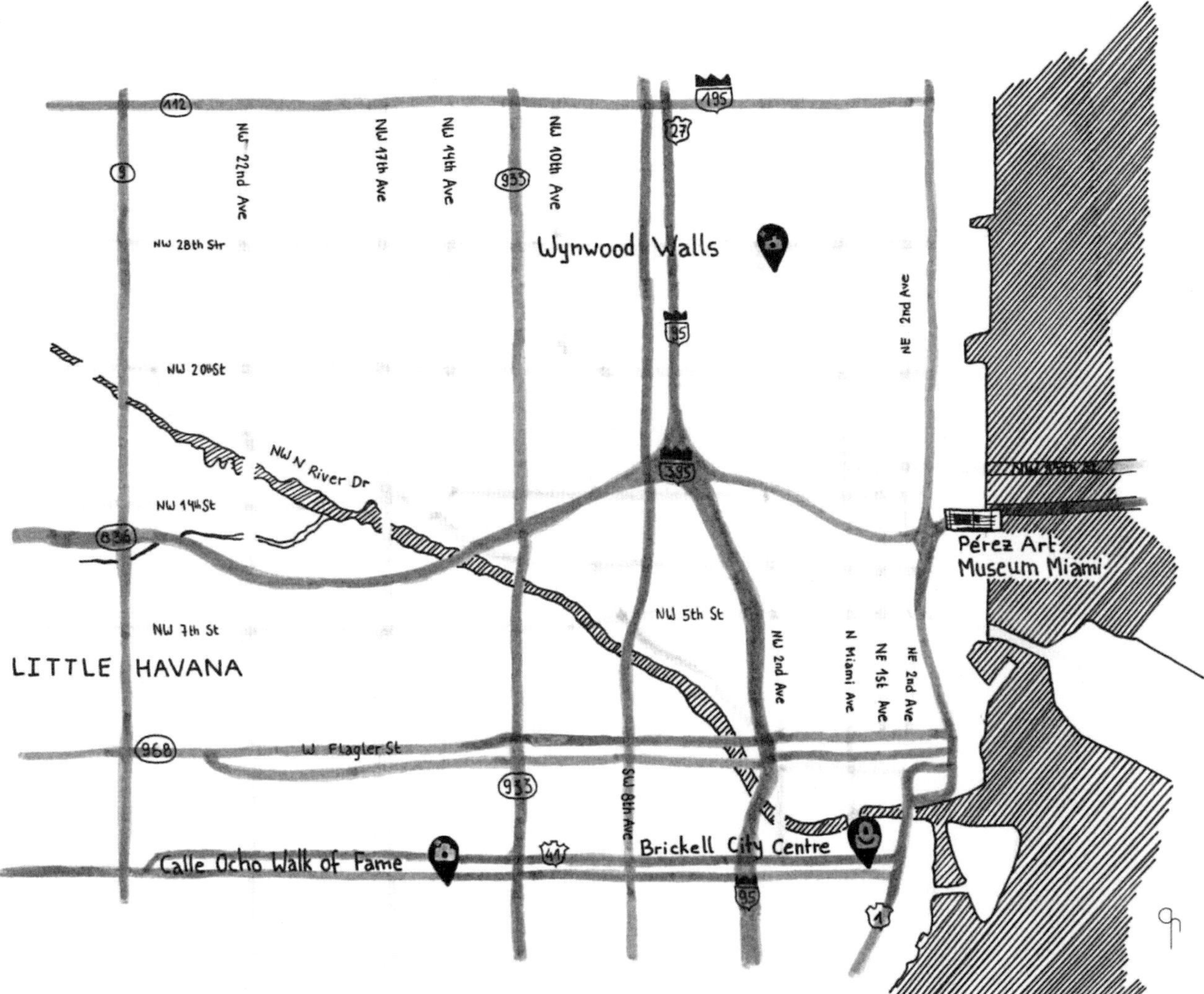

Jahrgangsstufe: 7/8

Begleitmaterialien:

1. Arbeitsblatt '*Working with a plurilingual poem*'
2. Arbeitsblatt '*Writing free verse plurilingual poems*'

Every word is a poem: Mehrsprachige Gedichte im Englischunterricht

Christian Ludwig & Dominik Grubecki

Warm-up:

- Welche Bedeutung und Funktion haben Sprachen im (eigenen) Alltag?
- Wie können Gedichte zu einer Stärkung von Mehrsprachigkeit beitragen?

Einleitung

Lyrische Texte finden im Fremdsprachenunterricht immer weniger Beachtung, gelten sie doch bei Lernenden oft als unbeliebt, schwierig, lebensweltfern und ohne unmittelbaren Nutzen. Dennoch bieten Gedichte gerade im Englischunterricht die Möglichkeit, nicht nur mit, sondern über Sprache zu sprechen. So konstatiert Elsner (2012), dass Gedichte ihren Verfasserinnen und Verfassern „das Ausbrechen aus gesellschaftlichen Vorgaben hin zur Individualisierung" (S. 410) erlauben, und ihnen die Möglichkeit geben, „mit sich selbst ins Gespräch zu kommen, indem eigene Gedanken, Wünsche und Emotionen in beliebig verschlüsselter Form in Sprache transformiert werden" (S. 410). Die Verwendung mehrerer Sprachen in einem Gedicht hat eine lange Tradition, die bis auf die Renaissance zurückgeht. Dabei erfüllt die Nutzung verschiedener Sprachen in ein und demselben Gedicht unterschiedliche Funktionen und bietet Ausdrucksmöglichkeiten für eine mehrsprachige Generation, für die Pluri- und nicht Monolingualität die Norm ist. Ziel dieses Beitrages ist es, das Potenzial mehrsprachiger Gedichte für den Englischunterricht aufzuzeigen und Anregungen für die praktische Arbeit mit mehrsprachigen Gedichten an einem konkreten Unterrichtsvorschlag zum Thema *free verse poems* vorzustellen.

Plurilingual poetry im Englischunterricht

Mehrsprachige Literatur wird vermehrt im Fremdsprachenunterricht verwendet (Delanoy, 2014). Dabei sind mehrsprachige Gedichte Zeichen einer zunehmenden sprachlichen und kulturellen Diversität, die es auch *young poets* ermöglicht, ihren plurilingualen Identitäten Ausdruck zu verleihen. Gedichte können auf verschiedene Arten mehrsprachig sein, z. B. indem sie einzelne Wörter aus anderen Sprachen einbeziehen oder ganze Zeilen bzw. Strophen in verschiedenen Sprachen verfasst sind. Dabei stellt das Lesen bzw. die Interpretation mehrsprachiger Gedichte Lesende vor neue Herausforderungen, da nicht nur unterschiedliche Sprachen erschlossen werden müssen (z. B. durch die Nutzung von Wörterbüchern oder den Austausch mit Menschen, die über Kenntnisse in der jeweiligen Sprache verfügen), sondern auch die Frage nach der Funktion unterschiedlicher Sprachen in den Vordergrund rückt (Elsner, 2012). Somit existiert eine Vielzahl von Gründen zur Behandlung mehrsprachiger Gedichte z. B. im Sinne einer *translanguaging poetry pedagogy* im Englischunterricht, u. a. zur Förderung von

- *plurilingual awareness* und *plurilingual competences,*
- *inter- and transcultural* sowie *global learning* und
- *multiliteracy.*

Des Weiteren ermöglicht die Arbeit mit *plurilingual poems,* an die sprachliche Vielfalt der Lernenden anzuknüpfen und sie dazu zu ermuntern, unterschiedliche Sprachen aktiv zu nutzen. Neben dem Lesen (*reading*) oder Hören (*listening*) und Erschließen mehrsprachiger (oder auch fremdsprachig-einsprachiger) Gedichte steht dabei vor allem das Erstellen eigener Gedichte im Sinne einer handlungs- und produktorientierten Literaturdidaktik im Mittelpunkt. Folgende *activities* sind u. a. möglich:

- Lesen bekannter mehrsprachiger Gedichte, z. B. von Antoine Cassar, Pat Mora oder auch Chicano-Poesie,
- Arbeit mit Zungenbrechern, einfachen Reimen, Sprichwörtern, Elfchen oder Akrosticha in unterschiedlichen Sprachen,
- Übersetzen mehrsprachiger Gedichte ins Englische,
- Vertonen mehrsprachiger Gedichte,
- Verfassen eigener mehrsprachiger Gedichte nach Vorlage, auch unter Einbeziehung von Dialekten oder Jugendsprache, z. B. in Form eines Parallelgedichts,
- Verfassen eigener mehrsprachiger lyrischer Texte, auch kollaborativ, z. B. in Form von Falt- oder Wachsgedichten,
- Verfassen mehrsprachiger Gedichte in Gruppen durch Kettenverse,
- *A poem in my language*: Vortragen von Gedichten in anderen Sprachen.

Im Hinblick auf das Erstellen eigener *plurilingual poems* bietet sich die Nutzung von *writing prompts* wie Fotografien, Zeichnungen, Liedern oder einfachen Begriffen an. Des Weiteren eröffnen Methoden des kreativen Schreibens zahlreiche Möglichkeiten zur kollaborativen Erstellung von Gedichten. So kann die Lehrkraft z. B. ein englisches Gedicht selbst oder mit der Lerngruppe gemeinsam auswählen und eine Wortliste mit den zentralen Wörtern aus dem Gedicht auf Englisch oder Deutsch erstellen. Diese Wortliste können Lernende mit nach Hause nehmen und von ihren Eltern oder Freundinnen und Freunden in andere Sprachen (*home / dominant languages*, Schulfremdsprachen oder anderweitig erlernte Fremdsprachen) übersetzen lassen. Die Lernenden nutzen dann diese Wortlisten, um ausgewählte Wörter im Gedicht zu ersetzen und eigene mehrsprachige Texte zu erstellen. Aufgabenformate wie diese zeigen Lernenden, dass Ideen und Konzepte nicht in allen Sprachen (gleich oder überhaupt) ausgedrückt werden können (*untranslatability*).

Nicht zuletzt können mehrsprachige, aber auch einsprachige Gedichte zur expliziten Reflexion von Mehrsprachigkeit und zum Nachdenken über die englische Sprachkompetenz genutzt werden, wie das folgende Beispiel, welches auf die Frage *What do 'your' languages mean to you?* verfasst wurde zeigt. Es reflektiert die Nutzung unterschiedlicher Sprachen im Alltag und illustriert, dass unterschiedliche Sprachen verschiedene Funktionen übernehmen können. Die Verfasserin ist von ihrer eigenen mehrsprachigen Kompetenz überrascht: "The result of the poem is surprising for me. I didn't know that I could write something in many languages and [that] at the end it would make sense."

> *I speak English at work.*
> *As kalbu lituviskai su mama.*
> *Hablo Español con Marina.*
> *Ich spreche meistens Deutsch.*
> *Doesn't matter what language I use,*
> *The most important thing is what I say.* (Vilma Schmidt, Juni 2021)

Neben der klassischen Gedichtarbeit bieten digitale Medien unterschiedliche Möglichkeiten, um mehrsprachige Gedichte z. B. in Form von *visual poetry* (verbildlichte Gedichte) zu erstellen bzw. Gedichte einzusprechen oder zu teilen (Skorge, 2021). Die folgenden Anwendungen von *digital tools* sind dabei u. a. denkbar:

- Recherche zu Gedichten (Verfasserin / Verfasser, Hintergrund),
- Digitale Wörterbuch-Apps oder Übersetzungsprogramme,
- Material (z. B. Chatverläufe oder Blogs), aus denen mehrsprachige Gedichte erstellt werden können,
- Präsentation von Gedichten in Form von Videos (z. B. für *poetry slams*),

- Erstellen lyrischer Texte in Form von *social media posts* oder zum Posten auf *social media* (*instapoetry*),
- Kreieren von *visual poetry* z. B. mithilfe von *WordCloud Generators* wie *WordArt*,
- Szenisches Darstellen von Gedichten, z. B. mithilfe von digitalen *comic creators*.

Free verse plurilingual poems im Englischunterricht

Ziel der folgenden Unterrichtseinheit ist es, Lernende an den Umgang mit mehrsprachigen Gedichten heranzuführen und ihnen Raum zu geben, erste eigene *free verse plurilingual poems* zu verfassen. Im ersten Teil der Lerneinheit wird den Lernenden ein (mehrsprachiges) Gedicht im freien Vers vorgestellt – Websites (Suchbegriff: poetry4kids) mit zahlreichen Beispielen von *free verse poems* (Skorge, 2021) können hierfür genutzt werden. Reimlose, metrisch ungebundene Gedichte ohne feste Versform haben den Vorteil, dass Lernende sich sowohl bei der Interpretation als auch beim Schreiben ihrer eigenen Gedichte voll auf den Inhalt sowie die Sprache(n) konzentrieren können, ohne das Gefühl zu haben, zu sehr von formalen Aspekten abgelenkt zu werden. Nach der Besprechung des (mehrsprachigen) Gedichts (→ Begleitmaterial 1) erhalten Lernende die Aufgabe, eigene *free verse* Gedichte zu erstellen, die dann im Rahmen eines *poetry slams* oder *gallery walks* vorgestellt werden. Dabei können sie, wie bei einem echten Dichterwettstreit, auch Musik, Tanz oder Requisiten einsetzen und das Publikum direkt ansprechen. Um Lernende bei der Einbindung unterschiedlicher Sprachen zu unterstützen, sollte sich ein anfängliches Brainstorming nicht nur auf mögliche *topics*, sondern auch *languages* konzentrieren (→ Begleitmaterial 2). Die erstellten (mehrsprachigen) Gedichte können nicht nur für den Unterricht im Rahmen eines *poetry slams* verwendet werden, sondern bieten darüber hinaus auch eine Grundlage zur (analogen und digitalen) Nutzung für Schulvorstellungen, wie z. B. Tage der offenen Tür.

Anregungen zur Unterrichtsforschung

- Welche weiterführende Unterstützung benötigen die Schülerinnen und Schüler für die Erstellung mehrsprachiger Gedichte?
- Wie können unterschiedliche Dialekte hinsichtlich ihrer Schriftsprache angemessen berücksichtigt werden?

Name: _______________

Working with a plurilingual poem

Date: _______________

You have just read or heard a plurilingual poem.
Take a few minutes to answer the following questions:

You can also use this worksheet for the evaluation of a poetry slam!

Which languages are in the poem? Why does the poet use different languages?

____

____

____

What could the poem be about?

____

____

____

Which words did you understand?

____

____

____

Which words did you like the most?

____

____

____

Did you like the poem? – Why did you like it? / Why did you **not** like it?

____

____

____

Name: _______________

Writing free verse plurilingual poems

Date: _______________

Choose a topic for your free verse plurilingual poem and write it down.

What is important to you? What are you interested in? You can also try to find a topic with the help of a mind map!

____

Step 2

Language

Which languages (and dialects) do you speak or learn? Write down at least two.

____

How many languages would you like to include in your free verse plurilingual poem? Why would you like to include them?

____

____

____

Step 3

Writing

Write your own free verse plurilingual poem (approx. 100 words).

You can also take a look at the example that your teacher introduced in class and / or work with a partner!

____

____

____

____

____

____

____

____

____

____

You can present your free verse plurilingual poem to your class in a poetry slam!

Jahrgangsstufe: 9/10

Begleitmaterialien:

1. Text '*Teacher in role*'
2. Arbeitsblatt '*Irish: Facts and opinions*'
3. Arbeitsblatt '*Useful phrases*'
4. Arbeitsblatt '*Evaluation sheet*'

An bhfuil Gaeilge agat? Do you speak Irish? – Ein dramapädagogischer Ansatz zur Entwicklung einer Sprachförderungskampagne

Silke Franz & Oriana Uhl

Warm-up:
- Welche Vorteile bietet der Einsatz dramapädagogischer Methoden im Englischunterricht?
- Welche Erfahrungen haben Sie bisher mit dramapädagogischen Methoden gemacht?

Einleitung

Dramapädagogische Methoden sind aktivierend, motivierend, vielfältig einsetzbar und stellen nachweislich eine Bereicherung für den Fremdsprachenunterricht dar (Sambanis & Walter, 2020). Dieser Unterrichtsentwurf wählt einen dramapädagogischen Ansatz, bei welchem die Lernenden eine Sprachförderungskampagne erstellen und dabei die kulturelle, nationale und individuelle Bedeutung von Sprache am Beispiel des Irischen erfahren und reflektieren. Der gewählte Ansatz ermöglicht hier die Einbeziehung der affektiv-attitudinalen, kognitiven, diskursiv-kommunikativen und interkulturellen Komponente des Mehrsprachigkeitsmodells von Vollmer (siehe Einleitung).

Irish in Ireland

Die irische Sprache gilt als bedeutendes Element der nationalen und kulturellen Identität Irlands (Slatinská & Pecníková, 2017). Als eine der ältesten Schriftsprachen der Welt stand sie in Folge von Kolonialisierung und jahrhundertelanger Fremdherrschaft Englands, der großen Hungersnot von 1845–1849 und der darauffolgenden Massenemigration am Ende des 19. Jahrhunderts kurz vor dem Aussterben (O'Connell, 2021). Heute ist Irisch die erste Amtssprache der Republik Irland und seit 2007 eine der offiziellen Sprachen der EU, auch wenn sie im Alltag vornehmlich in Gebieten im Westen der Insel, der *Gaeltacht*, gesprochen wird. Um die Anzahl von bilingualen Sprechenden zu erhöhen und die Rolle des Irischen als *community language* zu stärken, verabschiedete die irische Regierung im Dezember 2010 die *20-Year Strategy for the Irish Language 2010–2030.*

Eine zentrale Funktion der *Strategy* nimmt das Bildungssystem ein. Irisch ist von der Grundschule bis einschließlich der Sekundarstufe Pflichtfach an irischen Schulen (O'Connell, 2021). Dies ist in der irischen Gesellschaft nicht unumstritten und es wird der Nutzen der Beherrschung des Irischen im Kontext einer globalisierten Welt an sich in Frage gestellt. Ein Ziel der *20-Year Strategy* ist es deshalb, mittels geeigneter Maßnahmen eine positive Haltung gegenüber der irischen Sprache zu fördern, unter anderem durch Kampagnen zur Sprachförderung. So soll das Irische nicht nur als rein kulturelles Erbe, sondern als Teil der Identität der Sprechenden wahrgenommen werden (O'Connell, 2021).

Dramapädagogische Ansätze im Englischunterricht

Der Einsatz dramapädagogischer Elemente bietet für Lernende eine willkommene Abwechslung zu den vorherrschenden kognitiven Lernzugängen im Schulalltag (Piazzoli, 2018). Als prozessorientierter Ansatz erfordert Dramapädagogik nicht nur eine kognitive, sondern auch emotionale Auseinandersetzung mit dem Lerngegenstand (Wells et al., 2021) und eignet sich daher besonders für die Beschäftigung mit komplexen Themen im Fremdsprachenunterricht. Die Lernenden erschließen sich Bedeutung durch dramatisches Handeln, erforschen diese und tauschen sich darüber aus (Neelands & Goode, 2000).

Die Unterrichtsstunde widmet sich dem Umgang mit Minderheitensprachen im schulischen Kontext und erlaubt darauf aufbauend eine Reflexion des eigenen Sprachgebrauchs. Der inhaltliche Fokus liegt auf Irland und dem Umgang mit dem Irischen. Der dramapädagogische Ansatz ermutigt eine kreative und selbstständige Bearbeitung der Aufgabenstellung.

Developing a campaign to promote Irish lessons in schools

Die Lebenswelt Jugendlicher im angelsächsischen Raum stellt traditionell einen thematischen Schwerpunkt im Englischunterricht dar. Der Blick auf Irland ermöglicht darüber hinaus die Beschäftigung mit einer landeseigenen Minderheitensprache und damit einem speziellen mehrsprachigen Kontext.

Tabelle 5

Struktur der vorliegenden dramapädagogischen Unterrichtsidee, angelehnt an O'Toole & Dunn (2020)

Phase	Lernaktivität
Initiation Phase	*Teacher in role* Die Lehrkraft beginnt den Unterricht in der Rolle als *Secretary General* mit einer Ansprache an die Lernenden, welche die notwendigen Informationen zur Ausgangssituation, der Rolle der Lernenden und der Aufgabenstellung enthält. Die Lernenden schlüpfen so unmittelbar in ihre Rolle als Influencer.
Experiential Phase	*Mantle of the Expert* Die Lernenden widmen sich in der Rolle als Influencer der Aufgabe eine Social-Media-Kampagne zu entwickeln, die irischen Jugendlichen die Lust am Lernen des Irischen vermittelt. Zu diesem Zweck sind die Jugendlichen aufgefordert, Englisch und Irisch in ihrem Beitrag zu verwenden.
Reflective Phase	*Evaluation and Spectrum of Difference* Die Lernenden präsentieren ihre Beiträge für die Kampagne in einem *Pitch* und beurteilen die anderen Beiträge kriteriengeleitet. Anschließend reflektieren sie über die kulturelle und persönliche Bedeutung von Mehrsprachigkeit.

Im Rahmen des Unterrichtsvorschlags (siehe Tabelle 5) schlüpfen die Lernenden in die Rolle von Influencern und entwickeln in Kleingruppen eine eigene Kampagne. Diese hat das Ziel, irische Lernende für die irische Sprache zu begeistern, sie von ihrer kulturellen Bedeutsamkeit zu überzeugen und zum Lernen zu motivieren.

Der Einstieg erfolgt durch eine kurze Ansprache der Lehrkraft als *teacher in role* (→ Begleitmaterial 1). In der *Initiation Phase* kann zusätzlich ein YouTube Video des Musikprojekts TG Lurgan präsentiert werden, das Coverversionen von bekannten Popsongs in irischer Sprache veröffentlicht.

Teacher in role: "The teacher [...] manages the theatrical possibilities and learning opportunities provided by the dramatic context from *within* the context by adopting a suitable role in order to: excite interest, control the action, invite involvement, provoke tension, challenge superficial thinking, create choices and ambiguity, develop the narrative, create possibilities for the group to interact in role. The teacher is not acting spontaneously but is trying to mediate her teaching purpose through her involvement in the drama" (Neelands & Goode, 2000).

In der anschließenden *Experiential Phase* finden sich die Lernenden in Kleingruppen zur Erstellung eines Kampagnenbeitrages zusammen. Dafür erhalten sie Arbeitsmaterialien (→ Begleitmaterial 2 und 3). Diese umfassen zum einen ein Arbeitsblatt mit Hintergrundinformationen zum Irischen und der Aufgabenstellung, zum anderen erhalten die Lernenden *language scaffolding,* welches hilfreiche Sprachmittel zur Gestaltung, Organisation und Moderation der anschließenden Gruppenarbeitsphase zur Verfügung stellt.

Die *Reflective Phase* umfasst zwei Arbeitsschritte. Zunächst findet eine Präsentation der Kampagnenbeiträge in einem *Pitch* statt, das die Mitglieder des Ministeriums überzeugen soll. Die Lernenden, die gerade nicht präsentieren, erhalten dafür einen Evaluationsauftrag mit vorgegebenen Kriterien, anhand derer sie die anderen Produkte beurteilen können (→ Begleitmaterial 4). Abschließend wählen alle Schülerinnen und Schüler eine Gruppe aus, die den Auftrag des *Department of Education*, eine Social-Media-Kampagne zu erstellen, erhält.

Vor Beginn der abschließenden Reflexionsphase kehren die Schülerinnen und Schüler in ihre Rolle als Lernende zurück. Den Stundenabschluss bildet ein Meinungsbild in Form eines *spectrum of difference*. Dabei stellen zwei Seiten des Klassenzimmers die Pole eines Kontinuums dar, wobei eine Seite für die Zustimmung und die andere für die Ablehnung der gehörten Aussage steht. Die Lernenden positionieren sich je nach ihrer persönlichen Bewertung im Klassenzimmer. Die Lehrperson liest zunächst die Aussage *Minority languages and dialects are worth preserving – even at great effort* vor und gibt den Lernenden Zeit sich zu positionieren und anschließend ihre Meinung zu äußern. Abschließend wird das Zitat "[A] country without a language is a country without a soul" (Pearse, zitiert nach Schukat, 2020) vorgelesen und der Vorgang wiederholt.

Im Anschluss bietet sich eine Transferdiskussion zu Mehrsprachigkeit im Umfeld der Schülerinnen und Schüler an. Hier könnten u. a. folgende Impulsfragen gestellt werden:

- In welchen Formen ist Mehrsprachigkeit in Deutschland zu finden und inwiefern unterscheidet sich die Situation von der Situation in Irland?
- Welche Erfahrungen haben die Lernenden mit Mehrsprachigkeit und mit deren Umgang?
- Welchen Umgang wünschen sich die Schülerinnen und Schüler mit ihrer eigenen Mehrsprachigkeit im schulischen Rahmen?

Anregung zur Unterrichtsforschung

- Konnten die Schülerinnen und Schüler ihre Wahrnehmung für Mehrsprachigkeit in verschiedenen Kontexten erweitern?
- Wie empfinden die Schülerinnen und Schüler die Rolle als Expertinnen und Experten, die ihnen die Strukturierung der Erarbeitungsphase selbstständig überlässt?

Teacher in role

The following speech by the teacher in role as *Secretary General of the Department of Education* is supposed to invite students to interact in role and to inform them about their task. It can be adapted to meet individual classroom needs.

Good morning and thank you all for coming. My name is *James / Mary O'Brien* and on behalf of the Irish Ministry of Education I welcome you here in Dublin today. In my capacity as Secretary General of the Department of Education I am responsible for overseeing the implementation of the department's mission to promote a positive attitude towards the Irish language in our schools. Although Irish is a compulsory subject in schools, only 42% of the population can speak the language. The government's goal is to ensure that as many citizens as possible are bilingual in both Irish and English.

Of course, I am aware that you don't speak Irish. So why did we invite you today? The reason is we need your help and media expertise as prominent international influencers. The Ministry is planning to launch a social media campaign addressed at young people, promoting a positive attitude towards the use of the Irish language through tweets, hashtags, blogs, video clips, Instagram stories etc. The campaign should highlight the importance of the Irish language for our history, culture, and our national identity. While our goal is to strengthen the subject within the education system, we also hope for a revival in the learning of Irish among young people, so that they give life to the Irish language outside the classroom.

We strongly believe that language is part of a speaker's identity. To show the benefits of multilingualism, the campaign may include other languages than English. It is up to you to decide what other languages to use and how, depending on your personal language skills. Once you have developed a sample, your ideas will be presented in a pitch. Those with the most convincing and creative strategy will win the contract and develop a nationwide campaign for the Ministry of Education.

To sum up, the campaign should

- appeal to young people,
- motivate them to learn and speak the Irish language,
- show the importance of Irish for our national, cultural, and personal identities
- and include more languages than English.

I am looking forward to seeing your presentations.

Name: ______________ **Irish: Facts and opinions** Date: ___________

Task:
The worksheet will provide you with the necessary information to develop your campaign.

What do teenagers from Ireland think about Irish?[1]

"Irish means a lot to me because I grew up with it. I learned it from a very young age from my mother and older siblings as they are fluent in it. I always had a very good understanding of the language, and I feel that Irish is a big part of my identity as an Irish citizen in Ireland."

Christina from Cape Clear

"The Irish language is a connection to home for me, but it's more than that (...) It's a connection to our culture and our history and it's a huge part of our national identity as well as my personal identity."

Ailidh from Gaeltacht na Rinne

"The Irish language does not hold a huge amount of importance for me personally. I understand that it is a significant part of Irish history (...). However, as it is a largely dead language today, and because it is of practically no use, I would have no problem seeing it dying out completely. Also, as I have 100% Irish roots, I do not need the Irish language to find my identity."

Hannah from Ireland

A (very) brief history of the Irish Language

"Irish, known as *Gaeilge* to most people in Ireland, is part of the Celtic language family and has existed for over 2000 years. After the Anglo-Norman conquest in the late 12th century, hundreds of years of conflict ensued during which the Irish resisted British authority and colonialism. (...) During the 18th century, many rural Irish-speaking communities began to adopt English as their first language. This was because most people perceived Irish as redundant and backward. (...) The Great Famine (1845–1849) also severely crippled the Irish-speaking population living in poor areas, as many died or emigrated. People lost interest in Irish, particularly because those who wanted to emigrate to America or England needed English as their first language instead. The language was on the point of extinction. However, towards the end of the 19th century, a mass movement of support for the Irish language emerged."[2]

Irish Today

"The total number of persons (aged 3 and over) who could speak Irish in April 2016 was 1,761,420, representing 39.8 per cent of the population."[3]

***20-Year Strategy* for the Irish Language 2010–2030**

The *20-Year Strategy* for the Irish Language is a program to revive and strengthen the Irish languages. It comprises 13 objectives to be implemented by 2030. Objective 5 reads: "Irish will be taught as an obligatory subject from primary to Leaving Certificate level. The curriculum will foster oral and written competence in Irish among students and an understanding of its value to us as a people".[4]

1, 2 Schukat, 2020
3 Central Statistics Office Ireland, o.J.
4 Department of Tourism, Culture, Arts, Gaeltacht, Sport and Media, 2020

Name: _______________

Useful phrases

Date: ____________

Task:
You can find useful phrases for groupwork activities in the boxes below. Use at least one phrase from each box when discussing your campaign with your group members.

Phrases to use when…

brainstorming

One idea that came to my mind was…
In my opinion it might be a good idea to…
What do you think about…?
I think it makes sense to…
I thought of…

discussing ideas

I can see your point but…
I totally agree…
I would like to add…
We could also consider to…
Are you sure that…?

organizing ideas

How can we make sure that...?
Let's focus on…
I think it makes sense to emphasise…
Let's decide on this order…
How can we structure…?

understanding ideas

Did I understand correctly that…?
Could you clarify…?
Could you explain why…?
I'm not sure if I understood…
Could you give an example…?

presenting ideas

As you can see, we…
We are confident that…
We believe that…
We are certain that…
There is no doubt that…

Name: ______________ **Evaluation sheet** Date: ___________

Task:
Rate the other campaigns according to the criteria in the table below.

Assign points for every criterium in the table.

= 3 points  = 2 points  = 1 point

Criteria	Group I	Group II	Group III	Group IV
Content				
Does the presentation include convincing arguments supporting the idea of language learning?				
Does the presentation include reasons why learning Irish is important for society?				
Media / Visualisation				
Does the presentation fit the target group?				
Does the visualisation enhance the clarity of the presentation?				
Does the presentation use creative ideas?				
Language use				
Is Irish used in the presentation?				
Which other languages are used in the presentation?				
Is the language clearly understandable?				
Structure				
Is the presentation clearly structured?				
Does the presentation have a catchy lead-in?				

Jahrgangsstufe: 9/10

Begleitmaterialien:

1. Arbeitsblatt '*How did English evolve*?'
2. Arbeitsblatt '*Test your plurilingual abilities*'

Liebe ist *halal* – Wie verändert sich Sprache, wenn sich die Sprechenden verändern?

Ruth Sonnenberg

Warm-up:

- Welche entlehnten lexikalischen Neuerungen in der deutschen Jugendsprache fallen Ihnen ein?
- Wie kann man Jugendsprache nutzen, um im Englischunterricht besser an die Lebenswelt der Lernenden anzuknüpfen?

Einleitung

Seit einigen Jahren werden allerorts sowohl lexikalische als auch grammatische und phonetische Veränderungen in der deutschen (vor allem Jugend-)Sprache diskutiert (Bunk & Pohle, 2019; Wiese, 2006). U. a. führt man sie auf Einflüsse aus den Erst- bzw. Zweitsprachen von Sprechenden mit Migrationshintergrund zurück (u. a. Wiese, 2006). Wenn man sprachliche Äußerungen wie „Nee, nur so aus Spaß, wallah." oder „Mashallah, das hast du gut gemacht!" oder „Bratan, kommst du mit?" von vornehmlich Jugendlichen hört, wird deutlich, dass die mehrsprachliche Kompetenz der Sprechenden mit Migrationshintergrund ihre Spuren hinterlassen hat.

In diesem Beitrag geht es darum zu illustrieren, wie die Sprachbewusstheit der Lernenden ausgehend von diesem Phänomen geschult werden kann. Anhand von Entwicklungen im Bereich der Lexik der deutschen Jugendsprache (Kiezdeutsch) werden den Lernenden Wechselwirkungen zwischen Sprechenden und Sprache aufgezeigt, damit für sie im Anschluss die historische Entwicklung des englischen Wortschatzes nachvollziehbarer wird, denn auch hier haben sich Wortschatz, Grammatik und Phonetik durch Einwanderung verändert (Hogg & Denison, 2006). Der Fokus in dieser Unterrichtsreihe liegt auf den linguistisch prägendsten Einwanderungswellen (Angeln / Sachsen / Jüten, Römer und Normannen) (Hogg & Denison, 2006). Selbstverständlich haben auch die Migrationsbewegungen der jüngeren Zeit eindeutige Spuren in der englischen Sprache hinterlassen, diese waren allerdings weniger gravierend.

Langfristig schulen die Lernenden an dieser Stelle die Kompetenz, neue Sprachen im Allgemeinen und das Englische im Besonderen rekurrierend auf plurilinguales Wissen besser erschließen und erwerben zu können (zu metalingualem Wissen siehe Einleitung). Das folgende beschriebene Unterrichtsarrangement eignet sich ganz besonders für den fächerübergreifenden Unterricht (z. B. Deutsch / Englisch / Geschichte).

How do speakers impact language?

Der Einstieg der Unterrichtsreihe wird in deutscher Sprache durchgeführt, da es darum geht, den Jugendlichen den Zugang zu einem ihrer Lebenswelt eher fernen Sachverhalt über ein sehr vertrautes Phänomen zu ermöglichen. Den Lernenden werden einige fest im Vokabular von Heranwachsenden in Großstädten verankerte Ausdrücke aus dem Arabischen, Türkischen und Russischen präsentiert (siehe Abbildung 9).

Abbildung 9

Beispiele aus dem Kiezdeutschen

Kiezdeutsch

Arabischer Ursprung

halal - nach islamischen Glauben erlaubt

haram - nach islamischen Glauben verboten

yallah - beeil dich!

wallah - ich schwöre (bei Gott)

tschüüch - Ausdruck der Anerkennung, etwa „Boah!“ oder „Wow!“

mashallah - großartig

Türkischer Ursprung

lan - ey Mann, Junge, Alter

moruk - Kumpel, Bruder, Alter

tamam - okay, in Ordnung, abgemacht

Alman - spießiger, selbstzufriedener Deutscher

Russischer Ursprung

Bratan - Bruder, Kumpel (Interessanterweise wird *bratan*, wenn es im Deutschen im Plural verwandt wird, nach dem deutschen Deklinationsmuster mit ‚-s‘ dekliniert.

Zunächst werden die Bedeutungen geklärt und die Sammlung an der Tafel oder auf dem Whiteboard um weitere Begriffe und deren Bedeutungen seitens der Lernenden ergänzt. Im Anschluss überlegen die Schülerinnen und Schüler im Plenum, in welchen Situationen sie diese Ausdrücke verwenden würden und erstellen ein Minirollenspiel, in dem sie mindestens drei der an der Tafel gesammelten Begriffe benutzen. In der Präsentationsphase einiger Rollenspiele sollen die Zuhörenden sich die verwendeten Worte notieren. In der folgenden Ergebnissicherung wird basierend auf diesen Notizen geklärt, dass es sich hier vornehmlich um eine Jugendsprache handelt, die von jungen Menschen in informellen Kontexten benutzt wird. Ferner erkennen die Lernenden, dass Elemente aus den Erst-/Zweitsprachen von Jugendlichen mit Migrationshintergrund übernommen wurden und inzwischen auch von Menschen ohne Migrationshintergrund benutzt werden. Um sich die jeweiligen Einwanderungswellen nochmals zu vergegenwärtigen und anschließend den Bogen zu Einwanderungsbewegungen nach Großbritannien besser spannen zu können, beschreiben die Lernenden eine Karte, auf der die Migrationsbewegungen von Menschen mit arabischem, türkischem und russischem Sprachhintergrund nach Deutschland dargestellt sind (siehe Abbildung 10).

Eine ähnliche Karte wird den Lernenden im Rahmen des Einstiegs in die Sprachgeschichte des Englischen gezeigt. Hier sind nun die sprachprägenden Invasionen zwischen 400 und 1066 nach Großbritannien abgebildet (siehe Abbildung 11). Mittels einer *think-pair-share activity* überlegen die Schülerinnen und Schüler zunächst auf der Grundlage des Sachverhalts, welche Auswirkungen diese Veränderungen in der Zusammensetzung der Bevölkerung wohl auf die englische Sprache gehabt haben könnten.

Abbildung 10

Migrationsströme nach Deutschland

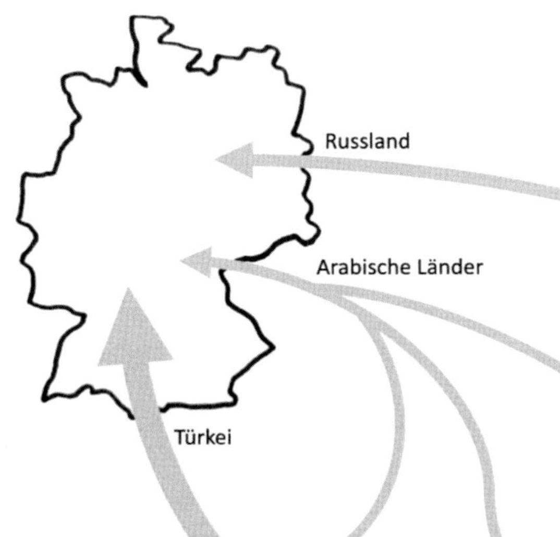

Abbildung 11

Invasionen nach Großbritannien

Nachdem die Vermutungen im Plenum gebündelt wurden, überprüfen die Lernenden diese anhand des Kurzfilms *How did English evolve?* von Kate Gardoqui (2012) zur Entwicklung der englischen Sprache. Besonders hervorzuheben ist die zu Beginn des Films gestellte Frage, was ein *hearty welcome* von einer *cordial reception* unterscheiden könnte. Durch diese im Film gestellte Aufgabe wird die Diglossie (*Anglo-Saxon origin: ordinary language* versus *Latin / Roman origin: formal language*) des englischen Wortschatzes sehr anschaulich und lernendenorientiert auf den Punkt gebracht. Die Eingangsfrage des Films wird auch mit den Lernenden vorab als *pre-viewing activity* diskutiert. Beim anschließenden zweimaligen Schauen des Films sollen die Schülerinnen und Schüler mittels der Aufgaben auf dem Arbeitsblatt (→ Begleitmaterial 1) konkrete Fakten zur einwanderungsbedingten Veränderung der englischen Lexik sammeln. Um dieses abstrakte Wissen zu festigen und konkret plurilinguale Strategien (z. B. Wissen um Wortbildungsmechanismen und Vokabular im Französischen, Lateinischen oder anderen romanischen Sprachen) zu schulen, sollen die Jugendlichen nun lateinische / französische lexikalische Strukturen ihren englischen Äquivalenten zuordnen und entscheiden, welchem Register (*hearty welcome* versus *cordial reception*) sie angehören (→ Begleitmaterial 2). Die Ergebnisse werden am interaktiven Whiteboard oder über ein interaktives Brain-Storming-Tool wie Flinga gesichert.

Die auf den Einstieg zurückgreifende Hausaufgabe besteht darin, dass die Lernenden überlegen, welche Wörter aus anderen Sprachen es in den Sprachen gibt, die sie, abgesehen von den Schulsprachen, sprechen. Hier könnten z. B. arabische Wörter im Türkischen oder deutsche Wörter im Russischen genannt werden. Gegebenenfalls könnten die Lernenden sogar beschreiben, ob sich diese Fremdwörter bestimmten Wortfeldern zuordnen lassen oder Beispiele von Wortfeldern angeben (Türkisch - Arabisch: z. B. Religion, Russisch - Deutsch: z. B. Militär, alltägliches Leben).

Diese Unterrichtsreihe dient als Ausgangspunkt dafür, dass den Lernenden in Phasen der Wortschatzerarbeitung immer wieder Wortbildungs- und -entlehnungsmechanismen verdeutlicht werden, damit es für sie ganz selbstverständlich wird, plurilinguistisches Wissen zu nutzen.

Anregungen zur Unterrichtsforschung

- Welche jugendsprachlichen Elemente haben Sie bei den Lernenden festgestellt (Lexik, Grammatik, Phonetik)?
- Beobachten Sie, ob und inwieweit sich die Sprachbewusstheit und angewandte Vokabelerschließungstechniken der Lernenden verändern.

Name: _______________ Group no.: ____________

How did English evolve?

Date: ___________

➔ Lead-in (pre-viewing):

They gave us a hearty welcome. **versus** *They gave us a cordial reception.*

Picture these two scenes and describe the setting, the people, their clothes, behaviour, topics of their conversations.

➔ I. First viewing: The invasions to Britain

Let's find out how this phenomenon came about. Watch the clip on the history of the English language and write the events mentioned next to the dates given in the timeline.

400 CE 700 1066

➔ II. Second viewing

Watch the clip again and answer the questions below.

1. What impact did the Germanic tribes have on the language spoken in Britain?
2. Why did Old Norse mix with Old English?
3. Name some examples of Old Norse words that became part of the English language.
4. What roots did the Normans have?
5. What life style did they adapt?
6. Who became King of England?
7. What language did the British royalty speak over the next 300 years?
8. What two languages were spoken by the British? Who spoke which language?
9. Why did many Latin words enter Old English at the same time?
10. What fields did the French words which entered the Old English come from?
11. What words did speakers of English use to sound sophisticated?

Name: ______________ **Test your plurilingual abilities** Date: ___________

Group no.: ___________

➔ **I. The words below are of Latin or French origin and came into the English language after the Norman Conquest in 1066. Try to guess their equivalents in today's English.**

French

activité, adresse, appartement, automne, citoyen, défendre, commun, dictionnaire, découvrir, grand-mère, hôpital, idée, introduire, leçon, littérature, prix, prononciation, produire, survivre, véhicule, vocabulaire, gouvernement, répéter, juge, bataille, parlement, loi

Latin

absens, accipere, certo, destruere, difficilis, machina, pagina, parens, persona, persuadere, promittere, serius, signum, theatrum, violentia, exemplum, tabula, castra

➔ **II. As you may have noticed when comparing the hearty welcome to the cordial reception, words of French or Latin origin often belong to a more formal style whereas words of Germanic origin are less formal. Find the pairs that are similar in meaning and decide which of the two is the more formal one**

begin, buy, chef, cold, commence, comprehend, cook, cordial, deadly, desire, despair, earnest, end, fast, freedom, finish, forget, frigid, ghost, hearty, harbour, hopelessness, house, incredible, kingly, laughable, liberty, live, mansion, mortal, mutton, odour, pardon, pensive, port, purchase, rapid, reside, ridiculous, savage, serious, sheep, smell, spirit, thinking, unbelievable, understand, wild, wish

Early Bird

If you finish early: Pick five pairs and check in a dictionary whether the two words mean exactly the same.

Jahrgangsstufe: 9/10

Begleitmaterialien:

1. Text und Abbildung '*Writing a speech*'
2. Arbeitsblatt '*Writing Frame: Writing a speech in a multilingual setting*'

Scaffolding im mehrsprachigkeitssensiblen Englischunterricht

Hari Sriramalu

Warm-up:

- Warum sollten *Scaffolds* im Englischunterricht genutzt werden?
- Wie können *Scaffolds* die Mehrsprachigkeit im Englischunterricht fördern?

Einleitung

Das Sprachziel des Fach- und Fremdsprachenunterrichts ist die Entwicklung von der Alltagssprache (*Basic Interpersonal Communicative Skills*) zur Bildungssprache (*Cognitive Academic Language Proficiency*) (Gogolin & Lange, 2011; Leisen, 2010). Somit ist Sprachbildung auch ein Grundpfeiler eines erfolgreichen Englischunterrichts. Um sukzessive bildungssprachliches Niveau in der Fremdsprache zu erreichen, müssen Lernende systematisch kommunikative, rezeptive und produktive Kompetenzen in ihrer ganzheitlichen Komplexität erwerben (Haß, 2017; Klewitz, 2017).

Dabei findet der Englischunterricht häufig in Lernumgebungen statt, in denen Schülerinnen und Schüler ihre eigenen sprachbiografischen Prägungen und die ggf. damit einhergehende individuelle Mehrsprachigkeit mit der neuen Fremdsprache in Einklang bringen müssen, was eine Herausforderung darstellen kann (vgl. Haß, 2017).

Dieser Umstand erfordert eine Unterstützung für die Lernenden, stellt aber auch gleichzeitig ein enormes Potenzial durch ihre individuellen Sprachfähigkeiten dar. Wie diese beiden Komponenten als Symbiose zur Förderung der Mehrsprachigkeit im Englischunterricht genutzt werden können, möchte dieser Beitrag anhand der Implementierung eines mehrsprachigkeitssensiblen Unterstützungssystems aufzeigen.

Mehrsprachige *Scaffolds* im Englischunterricht

Scaffolding bezeichnet Unterstützungshilfen, die die Lernenden beim Bearbeiten einer Aufgabe als Gerüst zur Verfügung gestellt bekommen. Diese *Scaffolds* unterstützen zeitgleich die fachliche, inhaltliche und sprachliche Ebene. Dadurch wissen die Lernenden stets, wie sie vorzugehen haben, um die Aufgabe systematisch zu bearbeiten (vgl. Skerra, 2018). Dieses Gerüst wird zeitlich begrenzt eingesetzt, damit Schülerinnen und Schüler zunehmend lernen, selbstständig zu arbeiten.

Ebenso sind *Scaffolds* im Englischunterricht nützlich, da Lernende in der Lage sein müssen, anspruchsvolle Aufgaben in sprachlich-authentischen Lernsituationen zu verschiedenen Kompetenzbereichen der Fremdsprache zu bearbeiten (vgl. Klewitz, 2017).

Write an email to the committee of the **International Youth Conference** expressing your gratitude for the invitation.	
Scaffold[1]	
Steps	**Language support**
Greeting Acknowledge your addressee. ***Be polite!***	Dear …
Introduction Briefly introduce yourself, state the purpose of your email and explain the topic you want to focus on. ***Be interesting and insightful!***	I am ... I would like to ... The … gives me the opportunity to ...
...	**...**

Dieser Auszug als mögliches Beispiel für ein *Scaffold* zeigt, dass ein Text (in diesem Fall eine E-Mail) zu einer konkreten Aufgabenstellung verfasst werden soll. Dabei hat dieser Schreibrahmen zwei Stränge. Zum einen werden die genrespezifischen Inhaltsschritte (*Steps*) mit den entsprechenden Beschreibungen für die jeweiligen Textabschnitte (hier: *Greeting* und *Introduction*) zur Verfügung gestellt, zum anderen die dazugehörigen sprachspezifischen Formulierungshilfen im *Language support*.

Nach Bredthauer (2019) zeigen Lernende beim Fremdsprachenlernen, dass die Wirkweisen mehrsprachigkeitssensibler Unterrichtskonzepte und die Bewusstmachung ihrer Mehrsprachigkeitskompetenz gezielt genutzt werden, um die Zielsprache leichter zu erlernen und Aufgaben in dieser zu bearbeiten. Zudem wird das Aufgreifen ihrer individuellen Mehrsprachigkeit als wertschätzend empfunden.

Um die Mehrsprachigkeit im Englischunterricht stärker zu berücksichtigen und für die Lernenden gewinnbringend zu implementieren, bedarf es einer systematischen Unterstützung. Deshalb ist es sinnvoll, *Scaffolds* mehrsprachigkeitssensibel zu erweitern, wie exemplarisch im folgenden mehrsprachigen *Writing Frame* dargestellt wird.

Mehrsprachiger *Writing Frame*

Die genannten Wirkweisen der Mehrsprachigkeit kommen im Englischunterricht nur dann zur Geltung, wenn das *Scaffold* motivierend und sachlogisch eingebettet wird. Das Begleitmaterial dieses Beitrags möchte aufzeigen, wie dies gelingen kann.

Das Bild (→ Begleitmaterial 1) stellt eine Person dar, die vor einem jungen Publikum eine Rede hält. Die Sprechblasen in den unterschiedlichen Sprachen repräsentieren die sprachliche Vielfalt des Publikums, die dem Anlass der *Internationalen Jugendkonferenz* (Schriftzug im Hintergrund) entsprechen. Somit kann dieses Bild als Einstieg genutzt werden, um die Lernenden auf das Thema (*The impact of language diversity in the classroom on school systems*) des Begleitmaterials einzustimmen.

Die dazugehörige Aufgabe (→ Begleitmaterial 1) kann nach einer Auseinandersetzung mit dem Bild (Beschreibung: *Describe the picture.*; Analyse: *Analyse its main message.* und Themenfindung: *Guess the topic of today's lesson.*) aufgedeckt werden, um das Interesse der Lernenden für die Aufgabenstellung – ein Redemanuskript zu verfassen – sukzessive zu wecken.

1 Dieses *Scaffold* orientiert sich an der Handreichung der Senatsverwaltung für Bildung, Jugend und Familie (SenBJF, 2021).

Das Redemanuskript soll zur Eröffnung der *Internationalen Jugendkonferenz*, die in fünf verschiedenen Ländern zeitgleich stattfindet, dienen (→ Begleitmaterial 1). Die vorgegebenen Länder in der Aufgabenstellung können den in der Lerngruppe vertretenen Fremdsprachenkenntnisse entsprechend angepasst werden. Durch diesen fiktiven Anlass werden die Schülerinnen und Schüler in einen quasi-authentischen Lernkontext versetzt. Die mehrsprachigkeitsinitiierende Aufgabenstellung veranlasst, dass das Redemanuskript sowohl in Englisch als auch in einer anderen Sprache – entsprechend der vorgegebenen Länder – ihrer Wahl verfasst werden kann, was somit ihre individuelle Mehrsprachigkeit berücksichtigt.

Dieses Setting ermöglicht, dass die Mehrsprachigkeit authentisch und funktional in den Englischunterricht eingebettet wird, was sich positiv auf die Motivation der Lernenden auswirken kann. Dabei kann das Setting ggf. noch weiter ausgestaltet werden, indem z. B. der Klassenraum entsprechend der *Internationalen Jugendkonferenz* dekoriert (u. a. Redepult oder Banner) wird und die Lernenden Namensschilder erhalten.

Ein Redemanuskript ist ein vielfältiges Textformat und bietet eine inhaltliche Bandbreite, welche u. a. gesellschaftspolitische, sprachwissenschaftliche und literarische Sachverhalte adressieren kann. Darüber hinaus kann die Sprache des Genres – geprägt von rhetorischen Stilmitteln – Themen differenziert, kritisch und / oder bisweilen auch emotional präsentieren. So kann neben der Schreibkompetenz durch das tatsächliche Präsentieren der Rede auch das monologische Sprechen geschult werden.

Der *Writing Frame* (→ Begleitmaterial 2) gibt den Lernenden drei Vorabhinweise und für die drei Textabschnitte jeweils eine inhaltliche Erklärung (links) und darunter einen allgemein wichtigen Hinweis sowie dazu passende sprachliche Formulierungshilfen (rechts), um die inhaltlich-sprachliche Kohärenz des Redemanuskripts zu gewährleisten. Dabei sollen folgende genre- und sprachspezifische Strukturen berücksichtigt werden:

- Die Einleitung soll den Anlass der Rede angemessen würdigen, indem den Organisatorinnen und Organisatoren und dem Publikum gedankt wird.
- Im Hauptteil sollen mindestens drei Argumente jeweils nach dem vorgegebenen Dreischritt (siehe Aufbau eines Arguments: *point*, *evidence* und *explanation*) entwickelt werden.
- Der Schlussteil soll die wesentlichen Aspekte des Hauptteils aufgreifen und die Rede mit einer denkwürdigen Abschlussaussage beenden (SenBJF, 2021).

Auf der rechten Seite des *Scaffolds* kann die gewählte Sprache ggf. unter Anleitung der Lehrkraft hinzugefügt werden, damit die Lernenden die Aufgabe zum Redemanuskript im Englischunterricht mehrsprachigkeitssensibel bearbeiten können.

Nachdem die Redemanuskripte verfasst wurden, sollten die Lernenden die Möglichkeit erhalten, diese im Rahmen der nachgestellten *Internationalen Jugendkonferenz* vorzutragen, was das Schreibprodukt in einem motivierenden Setting angemessen würdigt. Die Lernenden dürfen dann wählen, in welcher Sprache sie ihre Rede halten möchten. Falls dies nicht auf Englisch geschehen sollte, müsste parallel die englische Version z. B. an der Tafel, am Whiteboard oder Smartboard zur Verfügung gestellt werden, damit das Verständnis des Publikums gewährleistet wird. Somit kann auch diese Unterrichtsphase mehrsprachigkeitssensibel gestaltet werden.

Anregungen zur Unterrichtsforschung

- Wie sollten *Scaffolds* konzipiert werden, um Mehrsprachigkeit im Englischunterricht nachhaltig zu fördern?
- Welche Sprachen haben die Lernenden bei der Jugendkonferenz genutzt und warum? Welche Herausforderungen haben sich dadurch ergeben?

Name: _______________

Group no.: ____________

Writing a speech

Date: ____________

Task

You received an invitation to give the opening speech in one of the venues at this year's **International Youth Conference** on the **topic of languages**, which simultaneously takes place in five different countries:

Johannesburg, South Africa; Paris, France; Buenos Aires, Argentina; Moscow, Russia and Istanbul, Turkey

In your speech, assess how **language diversity in the classroom can impact school systems**.

Write your speech in English and in another language of your choice, spoken in one of the five countries.

Name: ______________
Group no.: ___________

Date: ___________

Writing Frame[1]: Writing a speech in a multilingual setting

The speech aims to raise people's awareness about **the impact of language diversity in the classroom on school systems** by informing, inspiring / influencing and entertaining the audience.

English **Other language(s) of choice:**

Helpful hints: Before you start writing ...

- ... how can you make the audience remember your message?
- ... collect thoughts and ideas you want to include / refer to.
- ... consider the following structure:

English **Other language(s) of choice:**

Steps	**Language support**	
Introduction Acknowledge the hosts, thank the audience, draw attention and address the topic of the task. ***Be memorable!***	Welcome… / Fellow… Thank you for inviting … Raise your hand… / Who can remember…? Today, I am going to …	
Main Part Present 3 arguments (paragraphs) supporting and / or refuting the topic of the task. Structure of a paragraph ⇨ Point ⇨ Evidence ⇨ Explanation Additional hints ⇨ adjectives ⇨ rhetorical devices	**Structure of a paragraph** Point In my opinion… / Let us take a close look at… / Arguably… / Similarly… / In contrast… Evidence For example… / An example of this is… / This is shown… / This can be seen… / The evidence for this is… Explanation This shows / suggests / implies… **Additional hints** Adjectives e.g. enormous / massive / tremendous / beautiful / impactful / dramatic / drastic / sustainable / long-lasting	

[1] Dieses *Scaffold* orientiert sich an der Handreichung der Senatsverwaltung für Bildung, Jugend und Familie (SenBJF, 2021).

Give evidence and be persuasive!	Rhetorical devices e.g. pronouns / rhetorical questions / metaphor / repetition / contrast
Conclusion Summarize your main points, give a final statement and thank the audience. ***Do not introduce new arguments and give a lasting impression!***	All in all,… / In conclusion,… / To conclude, … How can …? / We have to … / We should … Thank you for …

English and beyond:

Impulse zur Förderung von Mehrsprachigkeit im Englischunterricht

Michaela Sambanis & Christian Ludwig

Schlusswort

Im Februar 2021 setzte das Schauspiel Frankfurt mit der Kunstinstallation *Deutsch mich nicht voll* des Künstlers Naneci Yurdagül ein Zeichen gegen Rassismus und Ausgrenzung. Ob das von einer Beitragenden zu diesem Band fotografierte Graffito (siehe Abbildung 12) an einer Neuköllner Hauswand Bezug zu Yurdagül nimmt, kann zwar nicht gesagt werden, jedoch zeigt es, dass nicht nur sprachliche Konvergenz-, sondern auch Divergenzerfahrungen immer noch zum Alltag in Deutschland gehören und sich sprachliche Praktiken nicht nur in der Nutzung, sondern auch in der Ablehnung verschiedener Sprachen und Sprachvariationen zeigen können.

Abbildung 12

Schriftzug „Deutsch mich nicht voll" (Katrin Harder, Mai 2021)

Fest steht, dass heutige Jugendliche anders mit sprachlicher Varietät umgehen als die Generationen vor ihnen. Die Beherrschung mehrerer Sprachen, das Wechseln zwischen unterschiedlichen Sprachen sowie die Mischung von Sprachen – nicht nur in polykulturellen und vielsprachigen Umgebungen – ist inzwischen zur Alltagsrealität geworden. Die mehrsprachigen Praktiken heutiger Teenager machen jedoch auch deutlich, dass sie mit einer nach dem Soziologen Armin Nassehi identitären Logik versuchen, der Welt um sich herum Struktur und Ordnung zu verleihen und sich zugehörig zu fühlen.

Die Beiträge zu diesem Band zeigen beispielhaft auf, wie die sprachlichen Ressourcen, Fähigkeiten und Praktiken (mehrsprachiger) Lernender erfolgreich in den Fremdsprachenunterricht Englisch integriert werden können, ohne dabei das primäre Ziel des Englischunterrichts, nämlich den Aufbau kommunikativer Kompetenzen, aus dem Blick zu verlieren. Damit bieten die Unterrichtsvorschläge Lehrkräften einen sicheren Orientierungsrahmen, um die außerschulischen, mehrsprachig-sozialen Praktiken heutiger Lernender besser wertzuschätzen, Mehrsprachigkeit als Heterogenitätsaspekt wahrzunehmen und, darauf aufbauend, das Unterrichtsgeschehen um eine mehrsprachige Perspektive zu erweitern.

Die hier vorgestellten Methoden, Tools und Materialien bieten somit Möglichkeiten, die vorhandenen sprachlichen Ressourcen und Mehrsprachigkeitserfahrungen der Lernenden aktiv in den Unterricht einzubinden und zum Aufbau einer integrativen mehrsprachigen Kompetenz beizutragen. Dabei greifen die Beiträge auf anerkannte Ansätze und Methoden einer handlungs- und lernendenorientierten Englischdidaktik zurück, nehmen aber auch aktuelle Tendenzen, wie die Stärkung der Digital- und Medienkompetenzen der Lernenden, in den Blick. Des Weiteren zeigen die unterschiedlichen Unterrichtsbeispiele, dass die Förderung von Mehrsprachigkeit keineswegs auf die klassischen Bereiche Grammatik- und Vokabelerwerb beschränkt ist, sondern auch in der performativen Didaktik und der Literaturdidaktik ihren Platz hat.

Eine derartige Hör- und Sichtbarmachung unterschiedlicher Sprachen kann dazu beitragen, Aussagen wie *Deutsch mich nicht voll* und das damit verbundene Bedürfnis nach Abgrenzung von sprachlichen und kulturellen Normen und Fremdzuschreibungen zu überwinden.

Beitragende

Herausgeber

Christian Ludwig ist derzeit Gastprofessor für Didaktik des Englischen an der Freien Universität Berlin. Seine Arbeits- und Forschungsinteressen liegen in den Bereichen digitale Bildung, Literaturunterricht und Genderstudien.

Michaela Sambanis ist Lehrstuhlinhaberin für die Didaktik des Englischen an der Freien Universität Berlin am Institut für Englische Philologie. Das Aufschlüsseln von Wissensbeständen aus Neurowissenschaft, Didaktik, Psychologie und Pädagogik für die Praxis steht im Zentrum ihrer Arbeit.

Autorinnen und Autoren

Silke Franz ist Bereichsleiterin für den Bereich Moderne Fremdsprachen II am Seminar für Ausbildung und Fortbildung der Lehrkräfte (Abt. Gym.) Stuttgart und unterrichtet Englisch an einem Stuttgarter Gymnasium. Ein weiterer Schwerpunkt ihrer Arbeit ist die Theater- und Dramapädagogik.

Dominik Grubecki ist studentischer Mitarbeiter in der Didaktik des Englischen an der Freien Universität Berlin. Aktuell absolviert er den Master of Education (Politische Bildung, Englische Philologie, Erziehungswissenschaft) und koordiniert die Veranstaltungsreihe *neuroDidactX – Talking Future Education.*

Katrin Harder ist teilabgeordnete Lehrkraft im Arbeitsbereich der Didaktik des Englischen an der Freien Universität Berlin. Sie unterrichtet an einer Berliner Grundschule und ist in der Lehrkräfteaus- und -fortbildung tätig.

Natasha Janzen Ulbricht ist wissenschaftliche Mitarbeiterin in der Didaktik des Englischen an der Freien Universität Berlin. Ihre Forschungsinteressen umfassen Gesten, Kognition und Fremdspracherwerb in mehrsprachigen Kontexten.

Ben Opitz ist wissenschaftlicher Mitarbeiter im Arbeitsbereich der Didaktik des Englischen an der Freien Universität Berlin. Innerhalb des Projekts 'K2Teach – Know how to teach', welches aus Mitteln des Bundesministeriums für Bildung und Forschung gefördert wird, befasst er sich mit digitalen Medienkompetenzen angehender Englischlehrkräfte.

Paul Scheffler ist studentischer Mitarbeiter in der Didaktik des Englischen an der Freien Universität Berlin. Er absolviert zurzeit ein Kombi-Bachelorstudium in Englisch und Biologie. Seine Aufgaben sind u. a. technische Fragestellungen, wie die Umsetzung des digitalen Symposiums *neuroDidactX – Talking Future Education* 2021.

Ruth Sonnenberg unterrichtet an einem Berliner Gymnasium. Ferner ist sie in der Lehrkräfteausbildung tätig und kooperiert im Rahmen der Fachberatung mit dem Arbeitsbereich der Didaktik des Englischen an der Freien Universität Berlin.

Beatrice Spindler ist studentische Mitarbeiterin im Arbeitsbereich der Didaktik des Englischen an der Freien Universität Berlin. Als gelernte Köchin studiert sie derzeit im Master of Education die Fächer Englisch und Ernährung für das Lehramt an beruflichen Schulen.

Hari Sriramalu unterrichtet die Fächer Englisch, Politikwissenschaft und Geschichte an einem bilingualen Berliner Gymnasium. Darüber hinaus ist er als Lehrbeauftragter am Arbeitsbereich der Didaktik des Englischen an der Freien Universität Berlin in der Lehrkräftebildung tätig.

Oriana Uhl ist wissenschaftliche Mitarbeiterin an der Freien Universität Berlin im Bereich der Didaktik des Englischen. Derzeit arbeitet sie an ihrem Promotionsprojekt zum Einsatz von musikalischen Leitmotiven in der Wortschatzarbeit. Nach ihrem Lehramtsstudium in den Fächern Englisch und Musik arbeitete sie als Lehrerin.

Literatur

Ahlquist, S. (2013). *Storyline: Developing communicative competence in English*. Studentlitteratur.

Ahlquist, S. (2019). Motivating teens to speak English through group work in Storyline. *ELT Journal*, *73*(4), 387–395. https://doi.org/10.1093/elt/ccz023

Androutsopoulos, J. (2008, 17.-19. September). *Linguistic landscapes: Visuelle Mehrsprachigkeitsforschung als Impuls an die Sprachpolitik* [Symposiumspräsentation]. Internationales Symposium „Städte-Sprachen-Kulturen", Mannheim, Deutschland.

Badstübner-Kizik, C. (2015). Polyglotte Filme als translatorische Herausforderung und didaktische Chance. Das Beispiel Inglourious Basterds (Quentin Tarantino 2009). In C. Badstübner-Kizik, Z. Fiser & R. Hauck (Hrsg.), *Übersetzung als Kulturvermittlung: Translatorisches Handeln. Neue Strategien. Didaktische Innovation* (S. 221–246). Peter Lang.

Bell, S. & Harkness, S. (2006). *Storyline: Promoting language across the curriculum*. United Kingdom Literacy Association.

Bengelsdorf, K. (2018). *Der Umgang von Lehrkräften mit migrationsbedingter sprachlicher Heterogenität im Englischunterricht* [Unveröffentlichte Masterarbeit]. Freie Universität Berlin.

Binanzer, A. & Jessen, S. (2020). Mehrsprachigkeit in der Schule – aus der Sicht migrationsbedingt mehrsprachiger Jugendlicher. *Zeitschrift für Interkulturellen Fremdsprachenunterricht*, *25*(1), 221–252.

Bleichenbacher, L. (2008). *Multilingualism in the movies: Hollywood characters and their language choices*. Francke.

Blell, G. (2017). Musik. In C. Surkamp (Hrsg.), *Metzler Lexikon Fremdsprachendidaktik: Ansätze – Methoden – Grundbegriffe* (S. 259–262). Metzler.

Blell, G. (2020). Operating between cultures and langugages: Multilingual films in foreign language classes. *PraxisForschungLehrer*innenBildung. Zeitschrift für Schul- und Professionsentwicklung*, *2*(4), 52–73. https://doi.org/10.4119/pflb-3496

Blell, G. & Doff, S. (2014). It takes more than two for this tango: Moving beyond the self/other-binary in teaching about culture in the global EFL-classroom. *Zeitschrift für Interkulturellen Fremdsprachenunterricht*, *19*(1), 77–96.

Böttger, H. & Müller, T. (2016). Short & Simple: Tutorials. Erklärvideos im Englischunterricht der Grundschule. *Grundschule Englisch*, *57*, 29–31.

Böttger, H. & Sambanis, M. (2017). *Sprachen lernen in der Pubertät*. Narr.

Bredthauer, S. (2018). Mehrsprachigkeitsdidaktik an deutschen Schulen – eine Zwischenbilanz. *DDS – Die Deutsche Schule*, *110*(3), 275–286. https://doi.org/10.31244/dds.2018.03.08

Bredthauer, S. (2019). Sprachvergleiche als multilinguale Scaffolding-Strategie. *Zeitschrift für Interkulturellen Fremdsprachenunterricht*, *24*(1), 136–139.

British Film Institute (Hrsg.). (2013). *Screening Literacy: Executive Summary*. Vision Kino. https://www.visionkino.de/fileadmin/user_upload/publikationen/sonstige/Screening_Literacy.pdf

Brose, C. (2021). Present a yummy snack: Nach dem Vorbild britischer Kochshows ein eigenes Video produzieren. *Englisch 5–10*, *53*, 20–23.

Bryant, D. & Rummel, S. C. (2015). Nachhaltige dramapädagogische Sprachförderung für Grundschulkinder mit DaZ. *Scenario: A Journal of Performative Teaching, Learning, Research*, *9*(2), 7–32. https://doi.org/10.33178/scenario.9.2.2

Bündgens-Kosten, J. & Elsner, D. (2018). Multilingual CALL: Introduction. In J. Bündgens-Kosten & D. Elsner (Hrsg.), *Multilingual computer assisted language learning* (S. xi–xxiv). Multilingual Matters. https://doi.org/10.21832/9781788921497-002

Bündgens-Kosten, J. & Schildhauer, P. (Hrsg.). (2021). *Englischunterricht in einer digitalisierten Gesellschaft*. Beltz Juventa.

Bunk, O. & Pohle, M. (2019). „Unter Freunden redet man anders": The register awareness of Kiezdeutsch speakers. In T. Heyd, F. von Mengden & B. Schneider (Hrsg.), *The sociolinguistic economy of Berlin: Cosmopolitan perspectives on language, diversity and social space* (S. 97–124). De Gruyter. https://doi.org/10.1515/9781501508103-005

Byram, M. (1997). *Teaching and assessing intercultural communicative competence*. Multilingual Matters.

Canagarajah, S. (2011). Codemeshing in academic writing: Identifying teachable strategies of translanguaging. *The Modern Language Journal*, *95*(3), 401–417. https://doi.org/10.1111/j.1540-4781.2011.01207.x

Central Statistics Office Ireland (o.J.). *Irish language and the Gaeltacht*. Statistics Branch. https://www.cso.ie/en/releasesandpublications/ep/p-cp10esil/p10esil/ilg/

Cook, V. (2008). *Second language learning and language teaching* (4. Aufl.). Routledge.

Curcio, M. N. & Katelhön, P. (2020). *Sprachmittlung und Mediation für Deutsch als Fremd- und Zweitsprache*. Frank & Timme.

Dausend, H. (2020). *Digital unterrichten: Apps & Co. im Englischunterricht gezielt einsetzen: Fertige Stundenentwürfe: Sekundarstufe I, Klasse 5-10* (3. Aufl.). Cornelsen.

Delanoy, W. (2014). Mehrsprachigkeit, Englisch und Literatur(unterricht). *Zeitschrift für Interkulturellen Fremdsprachenunterricht*, *19*(1), 63–76.

Department of Tourism, Culture, Arts, Gaeltacht, Sport and Media (2020, 1. Dezember). *20-Year Strategy for the Irish Language*. Government of Ireland. https://www.gov.ie/en/policy-information/2ea63-20-year-strategy-for-the-irish-language/

Ehlers, G. (Hrsg.). (2016). *Praxis Pädagogik: Storyline: Ganzheitliches Arbeiten im kommunikativen Englischunterricht*. Westermann.

Elsner, D. (2012). Multiliteracy Practices als Lernziel: Mehrsprachige Gedichte von Pat Mora und Antoine Cassar. In R. Ahrens, M. Eisenmann & J. Hammer (Hrsg.), *Anglophone Literaturdidaktik: Zukunftsperspektiven für den Englischunterricht* (S. 409–424). Winter.

Elsner, D. & Lohe, V. (2021). Moving in and out of English: Mehrsprachige Diskurskompetenz im Englischunterricht entwickeln. *Der fremdsprachliche Unterricht Englisch*, *171*, 2–8.

Europarat (Hrsg.). (2018). *Common European framework of reference for languages: Learning, teaching, assessment: Companion volume with new descriptors*. Strasburg: Europarat.

Fäcke, C. & Meißner, F.-J. (Hrsg.). (2019). *Handbuch Mehrsprachigkeits- und Mehrkulturalitätsdidaktik*. Narr.

Falkenhagen, C. & Volkmann, L. (Hrsg.). (2019). *Musik im Fremdsprachenunterricht*. Narr.

Flick, J. & Szczepaniak, R. (2017). Wir sind am Überlegen: Wie akzeptabel ist der am -Progressiv?; Grammatische Entwicklungstendenzen aufspüren. *Praxis Deutsch: Zeitschrift für den Deutschunterricht*, *44*(264), 30–35.

García, O. (2009). Education, multilingualism and translanguaging in the 21st century. In T. Skutnabb-Kangas, R. Phillipson, A. K. Mohanty & M. Panda (Hrsg.), *Social justice through multilingual education* (S. 140–158). Multilingual Matters. https://doi.org/10.21832/9781847691910-011

Gardoqui, K. (2012, November). *How did English evolve?* [Video]. TED Conferences. https://www.ted.com/talks/kate_gardoqui_how_did_english_evolve

Gehring, W. (2017). *Mit den Künsten Englisch unterrichten*. Julius Klinkhardt.

Gogolin, I. (2015). *Mehrsprachigkeit: Was ist Mehrsprachigkeit? In vielen Sprachen sprechen*. Goethe-Institut Korea. https://www.goethe.de/ins/kr/de/spr/mag/sta/20492171.html

Gogolin, I. & Lange, I. (2011). Bildungssprache und Durchgängige Sprachbildung. In S. Fürstenau & M. Gomolla (Hrsg.), *Migration und schulischer Wandel: Mehrsprachigkeit* (S. 107–127). VS Verlag für Sozialwissenschaften. https://doi.org/10.1007/978-3-531-92659-9_6

Gramling, D. (2016). Seven types of multilingualism: Or, Wim Wenders enfilms Pina Bausch. In T. Mamula & L. Patti (Hrsg.), *The multilingual screen: New reflections on cinema and linguistic difference* (S. 37–56). Bloomsbury. https://doi.org/10.5040/9781501302848.ch-002

Hallet, W. (2018). The multiple languages of digital communication. In J. Bündgens-Kosten & D. Elsner (Hrsg.), *Multilingual computer assisted language learning* (S. 3–17). Multilingual Matters. https://doi.org/10.21832/9781788921497-003

Hallet, W. & Königs, F. G. (2009). Mehrsprachigkeit und vernetzendes Sprachlernen. In W. Hallet & F. G. Königs (Hrsg.), *Handbuch Fremdsprachendidaktik* (S. 302–307). Klett Kallmeyer.

Haß, F. (Hrsg.). (2017). *Fachdidaktik Englisch: Tradition – Innovation – Praxis*. Klett.

Henning, U. (2019). *Mehrsprachiges Theaterspiel an der Schule: Einstellungen von Schüler:innen zu Sprachen und Mehrsprachigkeit* [Doktorarbeit, Technische Universität Darmstadt]. TUprints. https://tuprints.ulb.tu-darmstadt.de/11907/1/Dissertation_Henning_190513.pdf

Hogg, R. M. & Denison, D. (Hrsg.). (2006). *A history of the English language*. Cambridge University Press. https://doi.org/10.1017/CBO9780511791154

Hufeisen, B. (2011). Gesamtsprachencurriculum: Überlegungen zu einem prototypischen Modell. In R. Baur & B. Hufeisen (Hrsg.), *„Vieles ist sehr ähnlich“ – Individuelle und gesellschaftliche Mehrsprachigkeit als bildungspolitische Aufgabe* (S. 265–282). Schneider Hohengehren.

Ilg, A., Kutzelmann, S., Massler, U., Peter, K. & Theinert, K. (2015). Dramapädagogische Elemente im Leseförderprojekt „Mehrsprachiges Lesetheater“ (MELT). *Scenario: A Journal of Performative Teaching, Learning, Research*, *9*(2), 48–68. https://doi.org/10.33178/scenario.9.2.4

Jakisch, J. (2015). *Mehrsprachigkeit und Englischunterricht: Fachdidaktische Perspektiven, schulpraktische Sichtweisen*. Peter Lang.

Janzen Ulbricht, N. (2020). The embodied teaching of spatial terms: Gestures mapped to morphemes improve learning. *Frontiers in Education*, *5*(109), 1–13. https://doi.org/10.3389/feduc.2020.00109

Juslin, P. N. (2016). Emotional Reactions to Music. In S. Hallam, I. Cross & M. Thaut (Hrsg.), *The Oxford Handbook of Music Psychology* (2. Aufl., S. 197–213). Oxford University Press. https://doi.org/10.1093/oxfordhb/9780198722946.013.17

Kersten, S. & Ludwig, C. (2018). Translanguaging and multilingual picturebooks: Gloria Anzaldúa’s *Friends from the Other Side/Amigos Del Otro Lado. Children’s Literature in English Language Education*, *6*(2), 7–27.

Kieweg, W. (2012). *Grammatik visualisieren: Bildimpulse zur Festigung grammatischer Kompetenzen im Englischunterricht*. Klett.

Klewitz, B. (2017). *Scaffolding im Fremdsprachenunterricht: Unterrichtseinheiten Englisch für authentisches Lernen*. Narr.

Kocher, D. (2019). *Fremdsprachliches Lernen und Gestalten nach dem „Storyline Approach“ in Schule und Hochschule: Theorie, Praxis, Forschung*. Narr.

Königs, F. G. (2020). Methoden der Sprachmittlung. In W. Hallet, F. G. Königs & H. Martínez (Hrsg.), *Handbuch Methoden im Fremdsprachenunterricht* (S. 424–426). Klett.

Koordinierungsstelle für Mehrsprachigkeit und sprachliche Bildung [KoMBi] (Hrsg.). (2020). *Forschungsschwerpunkt Sprachliche Bildung und Mehrsprachigkeit 2013-2020: Projektvorstellungen und Ergebnisse 1. und 2. Förderphase* [Broschüre]. Koordinierungsstelle für Mehrsprachigkeit und sprachliche Bildung, Universität Hamburg. https://www.mehrsprachigkeit.uni-hamburg.de/bilder/broschuere-forschungsschwerpunkt-sprachliche-bildung-mehrsprachigkeit.pdf

Krishnapatria, K., Kurniati, N. & Saefullah, H. (2019). Engaging students in writing recount text through Google Maps. *Studies in English Language and Education*, *6*(2), 199–211. https://doi.org/10.24815/siele.v6i2.13966

Kultusministerkonferenz (Hrsg.). (2016). *Bildung in der digitalen Welt: Strategie der Kultusministerkonferenz*. https://www.kmk.org/fileadmin/Dateien/pdf/PresseUndAktuelles/2017/Strategie_neu_2017_datum_1.pdf

Kweldju, S. (2018). Autonomously riding Google Maps to travel to English speaking countries: Linguistic landscape. *J-ELLiT (Journal of English Language, Literature, and Teaching)*, *2*(1), 5–13. https://doi.org/10.17977/um046v2i1p5-13

Leisen, J. (2010). *Handbuch Sprachförderung im Fach: Sprachsensibler Fachunterricht in der Praxis*. Varus.

Levine, G. S. (2013). The case for a multilingual approach to language classroom communication. *Language and Linguistics Compass*, *7*(8), 423–436. https://doi.org/10.1111/lnc3.12036

Little, D. (2020). Introduction. In C. Ludwig, M. G. Tassinari & J. Mynard (Hrsg.), *Navigating foreign language learner autonomy* (S. 8–18). Candlin & Mynard.

Little, D. & Kirwan, D. (2019). *Engaging with Linguistic Diversity: A Study of Educational Inclusion in an Irish Primary School*. Bloomsbury. https://doi.org/10.5040/9781350072053

Lütge, C. & Merse, T. (Hrsg.). (2021). *Digital teaching and learning: Perspectives for English language education*. Narr.

Mayr, G. & Tschurtschenthaler, H. (2018). Mehrsprachige Lernsituationen: Was Lehrpersonen im Unterricht beobachten. *Zeitschrift für Fremdsprachenforschung: ZFF*, *29*(2), 193–215.

Medienpädagogischer Forschungsverbund Südwest (Hrsg.). (2019). *JIM-Studie: Jugend, Information, Medien – Basisuntersuchung zum Medienumgang 12- bis 19-Jähriger*. Medienpädagogischer Forschungsverbund Südwest. https://www.mpfs.de/fileadmin/files/Studien/JIM/2019/JIM_2019.pdf

Méron-Minuth, S. (2018). *Mehrsprachigkeit im Fremdsprachenunterricht: Eine qualitativ-empirische Studie zu Einstellungen von Fremdsprachenlehrerinnen und -lehrern.* Narr.

Morkötter, S., Schmidt, K. & Schröder-Sura, A. (Hrsg.). (2020). *Sprachenübergreifendes Lernen: Lebensweltliche und schulische Mehrsprachigkeit.* Narr.

Neelands, J. & Goode, T. (Hrsg.). (2000). *Structuring drama work: A handbook of available forms in theatre and drama* (2. Aufl.). Cambridge University Press.

O'Connell, E. A. (2021). Revitalizing language through education: Ireland's use of international law to drive linguistic preservation. *DePaul Journal of Art, Technology & Intellectual Property Law, 31*(1), 69–100.

O'Toole, J. & Dunn, J. (2020). *Stand up for literature: Dramatic approaches in the secondary english classroom.* Currency Press.

Østern, A.-L. (2020). Artistry in storyline pedagogy. In K. Høeg Karlsen & M. Häggström (Hrsg.), *Teaching through stories: Renewing the Scottish storyline approach in teacher education* (S. 335–357). Waxmann.

Pfenninger, S. E. & Singleton, D. (2019). Starting age overshadowed: The primacy of differential environmental and family support effects on second language attainment in an instructional context. *Language Learning, 69*(S1), 207–234. https://doi.org/10.1111/lang.12318

Piazzoli, E. (2018). *Embodying language in action: The artistry of process drama in second language education.* Springer International Publishing. https://doi.org/10.1007/978-3-319-77962-1

Pine, G. J. (2009). *Teacher action research: Building knowledge democracies.* Sage Publications. https://doi.org/10.4135/9781452275079

Poarch, G. J. & Bialystok, E. (2017). Assessing the implications of migrant multilingualism for language education. *Zeitschrift für Erziehungswissenschaft, 20*(3), 175–191. https://doi.org/10.1007/s11618-017-0739-1

Quartapelle, F. & Schwienbacher, E. D. (2016). Mehrsprachencurriculum Südtirol. In E. D. Schwienbacher, F. Quartapelle & F. Patschneider (Hrsg.), *Auf dem Weg zur sprachsensiblen Schule: Das Mehrsprachencurriculum Südtirol* (S. 23–30). Carl Link.

Quetz, J. (2010). Auf dem Weg zur fremdsprachlichen Monokultur? Fremdsprachen an den Schulen der Bundesrepublik Deutschland. *Sociolinguistica, 24*(1), 170–186. https://doi.org/10.1515/9783110223323.170

Roche, J. (Hrsg.). (2019). *Medienwissenschaft und Mediendidaktik (Kompendium DaF/DaZ).* Narr.

Rodd, I. (2021, 19. Februar). *The dentist who helped a koala to walk.* BBC News Australia. https://www.bbc.com/news/av/world-australia-56107871

Sambanis, M. (2013). *Fremdsprachenunterricht und Neurowissenschaften.* Narr.

Sambanis, M. (2015). Musik bitte! Sprache und Musik – Sprache der Musik. *Praxis Fremdsprachenunterricht, 12*(3), 7–10.

Sambanis, M. (2020). Neurophysiologische Aspekte von Mehrsprachigkeit. In I. Gogolin, A. Hansen, S. McMonagle & D. Rauch (Hrsg.), *Handbuch Mehrsprachigkeit und Bildung* (S. 61–66). Springer. https://doi.org/10.1007/978-3-658-20285-9_8

Sambanis, M. & Ludwig, C. (2021). Mehrsprachigkeit im Englischunterricht in Berliner Schulen – Hintergründe, Herausforderungen, Herangehensweisen. *Zeitschrift für Interkulturellen Fremdsprachenunterricht, 26*(2), 195–222.

Sambanis, M. & Walter, M. (2020). *In Motion – Theaterimpulse zum Sprachenlernen: Von neuesten Befunden der Neurowissenschaft zu konkreten Unterrichtsimpulsen* (2. Aufl.). Cornelsen.

Schröder, K. (2009). English als Gateway to Languages. In C. Fäcke (Hrsg.), *Sprachbegegnung und Sprachkontakt in europäischer Dimension* (S. 69–85). Peter Lang.

Schukat, N. (2020, 3. August): *Irish language: Deep-rooted or force-fed?* EUSTORY History Campus. https://historycampus.org/2020/irish-language-deep-rooted-or-force-fed/

Schwienbacher, E. D., Quartapelle, F. & Patschneider, F. (Hrsg.). (2016). *Auf dem Weg zur sprachsensiblen Schule: Das Mehrsprachencurriculum Südtirol.* Carl Link.

Senatsverwaltung für Bildung, Jugend und Familie [SenBJF] (Hrsg.). (2021). *Materialien zum selbstständigen standardorientierten Lernen in der gymnasialen Oberstufe im Fach Englisch – Text production.* Senat von Berlin. https://bildungsserver.berlin-brandenburg.de/fileadmin/bbb/unterricht/unterrichtsentwicklung/Individualisierung_des_Lernens/text_production_sek_II_web.pdf

Skerra, A. (2018). Scaffolding – Erfolgreich Sprache bilden und fördern im inklusiven Unterricht. *Potsdamer Zentrum für empirische Inklusionsforschung*, *5*(6), 1–11.

Skorge, P. (2021). Poetry writing in the secondary EFL classroom – Digitally triggered and transfigured. In J. Bündgens-Kosten & P. Schildhauer (Hrsg.), *Englischunterricht in einer digitalisierten Gesellschaft* (S. 57–68). Beltz Juventa.

Slatinská, A. & Pecníková, J. (2017). The Role of Irish Language Teaching: Cultural Identity Formation or Language Revitalization? *European Journal of Contemporary Education*, *6*(2), 317–327.

Summer, T. (2018). Localise the tenses! Zeitformen wiederholen und im Klassenzimmer verorten. *Englisch 5-10*, *44*, 4–7.

Topalovic, E. & Michalak, M. (2012). Sprachreflexion und Grammatik zwischen DaM und DaZ. In M. Michalak & M. Kuchenreuther (Hrsg.), *Grundlagen der Sprachdidaktik Deutsch als Zweitsprache* (S. 226–250). Schneider Hohengehren.

Tracy, R. (2007). Einführung in die Thematik des Kongresses. In Landesstiftung Baden-Württemberg (Hrsg.), *Frühe Mehrsprachigkeit: Mythen – Risiken – Chancen. Dokumentation zum Kongress am 5. und 6. Oktober 2006 in Mannheim* (S. 10–15). https://www.sagmalwas-bw.de/uploads/tx_news/BWS_FrueheMehrsprachigkeit_2011.pdf

Trim, J., North, B. & Coste, D. (2001). *Gemeinsamer europäischer Referenzrahmen für Sprachen: Lernen, lehren, beurteilen*. Langenscheidt.

Van Avermaet, P., Slembrouck, S., Van Gorp, K., Sierens, S. & Maryns, K. (2018). Introduction: The Multilingual Edge of Education. In P. Van Avermaet, S. Slembrouck, K. Van Gorp, S. Sierens & K. Maryns (Hrsg.), *The Multilingual Edge of Education* (S. 1–6). Palgrave Macmillan UK. https://doi.org/10.1057/978-1-137-54856-6_1

Vollmer, H. J. (2000). Englisch als Basis für Mehrsprachigkeit? In K. Aguado & A. Hu (Hrsg.), *Mehrsprachigkeit und Mehrkulturalität* (S. 75–88). Pädagogischer Zeitschriftenverlag.

von Elbwart, K. (2021). Welcome to Miami, bienvenido a Miami – Showcasing Florida to teach linguistic and cultural diversity in the EFL classroom. *Praxis Englisch*, *8*(1), 44–46.

Watts, H. (1985). When teachers are researchers, teaching improves. *Journal of Staff Development*, *6*(2), 118–127.

Wells, T., Sandretto, S. & Tilson, J. (2021). Learning 'what it's like to be someone else apart from yourself': Developing holistic empathy with process drama. *Pedagogy, Culture & Society*. https://doi.org/10.1080/14681366.2021.1949633

Wiese, H. (2006). *Kiezdeutsch: Ein neuer Dialekt entsteht*. C.H. Beck.

Wiese, H. (2020, 21. Februar). *Tag der Muttersprache / „Deutschpflicht auf dem Schulhof ist Unsinn“*. https://www.deutschlandfunk.de/tag-der-muttersprache-deutschpflicht-auf-dem-schulhof-ist-100.html

Abbildungsverzeichnis

Tabellenverzeichnis